公路工程标准规范理解与应用丛书

《公路工程水文勘测设计规范》宣贯读本

刘新生　华鹏年　等　编著

人民交通出版社股份有限公司

内容提要

本书由规范的主要起草人编写，介绍了规范条款编写的背景资料和使用规范时应注意的事项及为方便勘测设计所补充的技术资料等内容，以方便读者更好地学习、理解、应用规范。

本书可作为《公路工程水文勘测设计规范》(JTG C30—2015）培训、学习用书。

图书在版编目（CIP）数据

《公路工程水文勘测设计规范》宣贯读本 / 刘新生等编著．— 北京：人民交通出版社股份有限公司，2015.3

ISBN 978-7-114-12115-9

Ⅰ．①公… Ⅱ．①刘… Ⅲ．①道路工程—水文观测—技术规范—学习参考资料 Ⅳ．①U412.23-65

中国版本图书馆 CIP 数据核字（2015）第 048746 号

公路工程标准规范理解与应用丛书

书　　名：**《公路工程水文勘测设计规范》宣贯读本**
著 作 者：刘新生　华鹏年　等
责任编辑：潘艳霞　李　农
出版发行：人民交通出版社股份有限公司
地　　址：(100011）北京市朝阳区安定门外外馆斜街 3 号
网　　址：http://www.ccpress.com.cn
销售电话：(010）59757973
总 经 销：人民交通出版社股份有限公司发行部
经　　销：各地新华书店
印　　刷：北京市密东印刷有限公司
开　　本：720×960　1/16
印　　张：11.5
字　　数：186 千
版　　次：2015 年 3 月　第 1 版
印　　次：2015 年 3 月　第 1 次印刷
书　　号：ISBN 978-7-114-12115-9
定　　价：60.00 元

前　言 QIANYAN

《公路工程水文勘测设计规范》(JTG C30—2015) 已经交通运输部批准颁布，自2015年3月1日起实施。本次规范修订，根据调研问卷汇总情况和实际生产需要，进行了多项专题研究，吸取了国内有关科研、院校、设计等单位的研究成果和实践经验；借鉴了国外先进的标准规范，与国内相关规范作了比较和协调。在此基础上增加部分章节和诸多新的内容。

修订后，《公路工程水文勘测设计规范》(JTG C30—2015) 由12章、5个附录构成，主要内容包括：各勘测设计阶段的工作内容和要求、桥位选择、水文调查与勘测、设计洪水分析与计算、桥孔设计、墩台冲刷计算及基础埋深、小桥涵水文勘测设计、路基水文勘测设计、特殊地区桥梁水文勘测设计、调治工程等的水文勘测设计要求。较原规范的主要变化有：

1. 根据现行有关标准、规范，结合工程实际，增加“桥位选择”一章内容，从水文勘测设计角度提出关于桥位选择的规定。

2. 由于低等级公路的升级改造，近年来改扩建工程很多，补充和修订了“改扩建工程”水文勘测设计的内容。

3. 在北方严寒地区，冰凌情况十分特殊和复杂，由于冰凌河段的灾害情况时有发生，补充了“冰凌河段”水文勘测设计的内容。

4. 墩台冲刷计算公式，是20世纪60年代制定的，经过几十年的使用和修订，是否适用当前实际情况？为此，对现行墩台冲刷计算公式进行了适应性分析与评估，补充和完善了各公式的适用条件。

5. 由于近年来数值计算方法广泛用于水文、水力计算，为此，引进一维河床冲淤数学模型，通过数值计算方法估算河床自然演变冲刷和桥下一般冲刷。

6. 由于桥台局部冲刷计算公式不够完善，原规范未列计算公式，只做了原则性的规定。为此，增加“非黏性土河床桥台局部冲刷计算公式”的内容。

7. 对于近海的海湾地区跨海桥，原规范未见这方面的水文计算规定。为此，通过在诸多已建或在建的跨海大桥所进行的水文分析研究资料中提炼总结，得出设计施工中所必需的符合当前实际情况的一些规定。期待在使用过程中进一步总结验证，完善或深入研究后再进行补充或修订。

8. 为使用方便，增加丁坝防护长度计算以及导流堤布设图示等内容。

为配合规范的实施，同时也给使用者补充提供更多的条文释义信息，由河北省交通规划设计院编写了本宣贯读本，以期能对行业内外众多使用者更加准确地理解和执行规范条文的各项规定有所帮助。

本宣贯读本完全按规范的章、节、条、款、项顺序编写。规范的条文序号不变，用楷体字示出；宣贯读本的内容列于规范条文之后，用宋体字示出。第1、3、7、9章由河北省交通规划设计院焦永顺、刘新生、朱冀军、华鹏年、苏广和编写，并负责全书统稿、文档收集、整理、打印等工作；第2、8、12章由北京交通大学齐梅兰编写；第4、10章由中交第一公路勘察设计研究院有限公司张春宁、张留俊、沈鹏编写；第5、6章及第11章第2、4、5节由四川省交通运输厅公路规划勘察设计研究院宋国平编写；第11章第1、3、6、7节由广东省公路勘察规划设计院股份有限公司梁立农、文方针编写。

本宣贯读本主要内容包括规范修订编制的背景情况、条文规定的原因或理由、执行条文时应注意的事项以及为方便使用规范而补充的有关技术资料。

如本宣贯读本内容存在与《公路工程水文勘测设计规范》（JTG C30—2015）不一致之处，以后者规定为准。

由于本宣贯读本编写时间紧，且限于编者技术和学识水平，如有不当或错误之处，恳请广大读者批评指正。

作　者

2015年1月26日

目　录 MULU

1　总则

本章原规范条文为 8 条，现调整为 9 条，内容主要包括：目的、适用范围、基本要求、执行相关标准的要求等。

1.0.1　为规范公路工程水文勘测设计工作，制定本规范。

1.0.2　本规范适用于新建和改扩建公路工程水文勘测设计。

新颁布的《公路工程技术标准》（JTG B01—2014）增加了改扩建公路的适用范围，本规范的适用范围相应进行了修改和调整。

1.0.3　公路工程水文勘测设计内容包括路基和桥涵的水文调查和勘测，水文、水力分析和计算，以及桥涵布设、调治工程设置等。

本规范是在原《公路工程水文勘测设计规范》（JTG C30—2002）（以下简称“原规范”）基础上修订，包括公路工程水文勘测设计中路界外部分的水文、水力方面的全部内容。

1.0.4　水文调查和勘测应根据工程设计要求和所在区域条件，采用相应的方法，收集和调查的资料应鉴别其可靠性，勘测精度应符合相关规定。

水文调查和勘测是为水文水力分析和计算、为工程设计提供基础资料，水文调查所要了解和收集的资料，往往是发生年代久远的水文现象，调查的资料又直接影响水文分析和计算成果，影响工程设计质量，故要对调查资料做出可靠性鉴别。

1.0.5　水文、水力分析和计算成果，应作合理性论证。对水文条件复杂、通航等级较高及跨海的桥梁，可进行水文测验和专题论证。

由于水文现象和河床演变都是相当复杂的自然现象，对它的认识是有限的，为了满足勘测设计的需要，本规范规定了一些计算公式和方法。这些计算公式是在有限认识和经验的基础上建立起来的，不可能把所有的影响因素都考虑进去，只能考虑一些主要的影响因素，加之本规范在内容和地域上覆盖面相当广，因此计算成果应作合理性论证。

1.0.6 桥涵布设必须满足排水、输沙及通航要求，应与路线排水系统、水利规划相配合，并适应农田排灌。

1.0.7 调治工程的设置，不应影响河道的原有功能及两岸河堤（岸）、村镇和农田的安全。

1.0.8 公路工程设计洪水频率应符合表1.0.8的规定。

表1.0.8 设计洪水频率

构造物名称	公路等级				
	高速	一级	二级	三级	四级
特大桥	1/300	1/300	1/100	1/100	1/100
大、中桥	1/100	1/100	1/100	1/50	1/50
小桥	1/100	1/100	1/50	1/25	1/25
涵洞及小型排水构造物	1/100	1/100	1/50	1/25	不作规定
路基	1/100	1/100	1/50	1/25	按具体情况确定

注：1. 二级公路的特大桥以及三、四级公路的大桥，在河床比降大、易于冲刷的情况下，宜提高一级设计洪水频率验算基础冲刷深度。
2. 沿河纵向高架桥和桥头引道的设计洪水频率应符合本表路基设计洪水频率的规定。
3. 多孔中小跨径的特大桥可采用大桥的设计洪水频率。
4. 城市周边地区的公路路基设计洪水频率应结合城市防洪标准，考虑救灾通道、排洪和泄洪需求综合确定。

本规范修订工作在编制大纲阶段，交通部运输公路局以编制大纲审查会会议纪要的方式，要求编写组进行《公路工程防洪减灾标准及水平》与《各级公路设计洪水频率》的专题研究。

通过问卷调查、调研以及现场调查并结合《公路工程技术标准》修订组的调研问卷，经多种方法以及工程实例的分析，得出各级公路设计洪水频率标准的修改建议：

（1）现行标准总体上可行、合理，但可在充分研究的基础上进行微调。

(2) 四级公路的路基、涵洞，设计洪水可按 $p=1/10$ 或按具体情况确定，目的是加强洪水破坏的关注度。

(3) 可提高三、四级公路的小桥设计洪水频率至 $p=1/50$。这是因为，与国外公路和国内铁路比较，我国公路的小桥设计洪水频率明显偏低。

最后依据《公路工程技术标准》(JTG B01—2014)，确定公路工程防洪标准，见本规范表1.0.8设计洪水频率的规定。

1.0.9　公路工程水文勘测设计除应符合本规范的规定外，尚应符合国家和行业现行有关标准的规定。

本规范主要涉及江、河、湖、海与水文、水力有关的技术问题。

2　术语

本次修订将原规范的13条术语作了较大调整，与本规范有关的术语予以保留，无关的术语取消，并新增部分术语，修订后的术语为25条。

2.0.1　设计洪水　design flood

工程正常使用条件下符合指定防洪设计标准的洪水。

2.0.2　设计洪水频率　design flood frequency

按有关技术标准规定作为设计依据的洪水统计意义上出现的频率。

2.0.3　设计流量　design flood discharge

与设计洪水相应的桥位断面洪峰流量。

2.0.4　设计水位　design flood surface elevation

与设计洪水相应的洪水水面高程。

2.0.5　涉河工程　structures in river affecting the bridge engineering

河流上对工程有影响的所有构造物。

2.0.6　壅水　backwater

水流受到压缩或潮水、干流水位顶托而导致的上游水位抬高现象。

2.0.7　水文断面　hydrologic cross-section

为进行水文观测和水文分析计算而选定的河流横断面。

2.0.8　基本河槽宽度　basic width of river channel

多年洪水过程作用下形成的河槽平均宽度，由河相关系确定。

2.0.9　造床流量　dominant discharge

对河流形成与变化起控制作用的流量。

2.0.10　水拱　the rising of local water surface in spate

洪水涨水时，横断面上主流水面的局部壅高。

2.0.11　糙率系数　roughness coefficient

反映河床对水流阻力作用大小的系数。

2.0.12　中泓线　midstream of channel

河流各横断面表面最大流速点的连线。

2.0.13　深泓线　thalweg

河流各横断面最大水深点的连线。

2.0.14　行近流速　approach flow velocity

邻近建筑物上游某一距离处的流速。

2.0.15　起动流速　threshold velocity

河床泥沙从静止开始运动的水流临界流速。

2.0.16　起冲流速　the approach velocity during initial scour of pier

桥墩迎水面两侧的泥沙，在绕流切应力作用下开始移动时，所对应的墩前行近流速。

2.0.17　一般冲刷　general scour

因桥孔压缩水流，导致桥下流速增大而引起的桥下河床冲刷。

2.0.18　局部冲刷　local scour

桥墩或桥台阻碍水流，导致其周围河床的冲刷。

2.0.19　桥下净空安全值　safe value of headroom under bridge superstructure

设计水位加各种可能发生的水位增高值后，或最高流冰水位以上预留的安全值。

2.0.20　波浪高度　wave height

水面波浪的波峰至波谷的垂直高度。

2.0.21　波浪爬高　wave run-up

波浪沿斜坡爬升的以静水面算起的垂直高度。

2.0.22　波浪壅高　wave set-up

波浪遇桥墩后发生变形，在墩柱迎水面产生的水面壅高。

2.0.23　河相关系　river hydraulic geometry

处于动力平衡状态的河流，河床形态特征与流域来水来沙条件和河床组成之间的定量因果关系。

2.0.24　流冰　drift-ice

浮于水面冰块或兼有少量冰花等随水流流动的现象。

2.0.25　潮流涨落最大流速　maximum velocity of flood and ebb

包括涨急流速和落急流速，分别对应涨潮过程和落潮过程中所出现的水流速度最大值。

3 各勘测设计阶段的工作内容和要求

3.1 可行性研究阶段

3.1.1 可行性研究阶段的水文勘测设计，应为选择路线方案提供水文依据，初拟大、中桥桥梁长度，估算小桥涵及浸水路基防护工程数量。

水文勘测设计是可行性研究阶段不可少的工作内容，它直接影响路线的走向和控制点，为全线的排水系统设计提供必要的依据。根据水文调查资料和桥位河段的外业勘测进行分析和必要的水文计算，初拟大、中桥桥梁长度，估算小桥涵及浸水路基防护工程数量，确保投资估算的准确性。

3.1.2 基本资料的收集应包括下列内容：

1 沿线各主要河流的分布、汇水区概况及河堤的设计标准等。

2 通航河道的等级、航道图、最高通航水位、最低通航水位、最小通航净高及最小通航跨径。

3 沿线低洼内涝区、分洪区、滞（蓄）洪区的分布及分洪、滞洪的运用情况。

4 沿线水利工程分布、规模、标准、运用情况。

5 水利及河道整治规划资料。

6 沿线各地区水文、气象资料及洪水计算方法。

7 1∶10 000、1∶50 000 比例尺地形图。

3.1.3 勘测与分析应包括下列内容和要求：

1 各主要河流桥位河段处的历史最高洪水位、常水位、汛期、一般洪峰持续时间、漂流物大小、河流封冻时间及流冰、冰厚、涎流冰等情况。

2 各主要河流历次分洪、决口情况，沿线分洪区、滞（蓄）洪区、沿线低洼内涝区等的历史最高积水位、淹没时间、积水时间。

3 各主要河流桥位河段处的河道演变概况，目测河床质组成及量测河道断面宽度。

4 沿线历史最高潮位、波浪高度。

5 航道的航运密度、历年平均最高通航水位、最低通航水位、船舶最大吨位、船队尺度。

6 沿线原有桥涵及各种水利工程的泄水宽度、高度及使用情况。

7 在1∶10 000地形图上量取河道比降及与路线夹角。

8 大、中桥的设计流量可利用已有成果或地区经验公式计算。

9 人工河道上的大、中桥桥梁长度，可按其设计水面宽度拟定；其他河流上的大、中桥桥梁长度，参照历史最高洪水位时的有效过水宽度或上、下游已有桥梁长度拟定。

10 小桥涵的孔径可按河渠断面宽度或已有桥涵孔径拟定。

11 拟定浸水路基防护范围。

第3.1.2～3.1.3条内容是新增的。本次修订依据调研意见和实际生产情况，对可行性研究阶段基本资料的收集、勘测与分析的内容和要求做出了相关规定。

3.1.4 水文勘测设计的资料整编应包括下列内容：

1 说明可包括下列内容：

1）调查和勘测日期；

2）沿线地形类别；

3）多年平均年降雨量、气象情况及洪水期；

4）沿线主要大、中河流及低洼内涝区、分洪区、滞（蓄）洪区的分布；

5）历年地区洪涝灾害（淹没水位和时间）；

6）航道等级及堤防工程的防洪标准；

7）冰凌河段的灾害情况、上下游既有构造物的防撞设施及使用情况；

8）滨海路基所处海岸形势及水文地质情况；

9）水利规划、河道整治规划以及对路线布设的建议等。

2 水文调查与勘测的各项成果图表。

本规范要求进行水文勘测设计资料整编，一方面利于存档备查，另一方面利于下一设计阶段的应用、核实和深化。

3.2 初步设计阶段

3.2.1 初步设计阶段的水文勘测设计，应为路线布设及路基、桥涵等工程设计提供水文依据，确定桥涵、浸水路基防护工程总体布设方案。

水文勘测设计是本阶段重要的工作内容，路线、桥涵及浸水路基防护工程等总体布设方案的确定，要由水文勘测设计成果提供依据，因此本阶段的水文勘测设计工作要做全、做细、做深。

3.2.2 基本资料的收集除应核实可行性研究阶段水文调查和勘测中所收集的基本资料外，尚应补充收集下列资料：

1 按现行《公路勘测规范》(JTG C10) 规定，初测应收集的水文资料。

2 初测或一次定测中设置的平面控制点及水准点位置、高程，与有关部门设置的水准点高程间的关系。

3 县志、地方历史文献、报刊等有关洪水灾害的记载及水利、城建等部门收集调查的历史洪水资料。

4 收集上、下游水文（水位）站、潮位站位置，历年实测最大流量、相应水位、断面平均流速、最大流速、比降、含沙量、实测日期及测站河床断面、河床质、高程系统和设站沿革、测流基本要素变动的相关关系等资料。

3.2.3 勘测与分析计算，应包括下列主要内容和要求。

1 汇水区概况调查。

2 河段形态调查与勘测：

1）河段调查；

2）水文断面测绘；

3）河段比降测绘；

4）河床质测定。

3 洪水及其他特征水位调查。

4 洪水观测。

5 冰凌河段大、中桥应进行冰凌调查，位于冰凌严重的河段或水库上的特大桥、大桥尚应进行冰凌观测。

6 既有涉河工程调查。水文、地质情况复杂，技术难度大的特大桥、大桥，尚宜对位于桥位河段上的既有桥梁作洪水冲刷观测。

7 水文分析与计算：

1）确定设计流量、水位、流向和流速；

2）预测桥位河段河道变迁、冲淤变化；

3）拟定桥（涵）孔及调治工程平面布设，预测对河段的影响；

4）确定桥涵最小高度，计算墩台及调治工程冲刷深度。

8 小桥涵、路基及特殊地区桥梁的水文勘测和分析计算，尚应符合本规范第9～11章的规定。

第3.2.2～3.2.3条内容是新增的。本次修订依据调研意见和实际生产情况，对初步设计阶段基本资料的收集、勘测与分析计算的内容和要求，做出了具体规定，方便使用者参照执行。

3.2.4 水文勘测和分析计算成果整编应包括下列内容：

1 说明可包括下列内容：

1）调查和勘测日期、范围。

2）沿线地形类别、水文、气象情况。

3）河流分布、特征，各河主要涉河工程的分布、运用情况及对桥位河段流量、流向、冲淤变化的影响，水利规划和河道整治方案。

4）低洼内涝区、分洪区、滞（蓄）洪区等的分布和运用情况，历史最高淹没水位、淹没范围、洪涝灾害和治理情况。

5）冰凌河段封冻和开河时间、开河形势以及各项冰情特征值。

6）滨海路基历史最高潮位、波浪、海流、冰凌和海水碎波高度等内容。

7）沿河路基设计流量、水位、流速、路基坡脚冲刷深度的计算成果，防护工程布设依据。

8）大、中桥的桥位河段类型、历史洪水情况、河道变迁及发展趋势预测、河道安全泄洪量、通航要求、漂流物等情况，设计流量、水位、流速，冲刷深度的计算成果，桥孔确定和调治工程布设依据。

9）小桥涵孔径计算依据及漫水桥、过水路面设置理由。

10）低洼内涝区、分洪区、滞（蓄）洪区的设计水位及排水构造物布设依据。

11）改扩建工程中，既有桥涵建成后水文条件的变化情况。

12）路线布设及路基和桥涵设计中应注意的问题。

2 水文调查与勘测的各项成果图表。

3 设计洪水分析与计算的各项成果图表。

4 水文、水力设计计算书。

5 既有涉河工程一览表。

6 桥梁、涵洞总体布设方案图。

7 滨海、沿河路基调治及防护工程布设方案图。

8 低洼内涝区、分洪区、滞（蓄）洪区排水构造物及防护工程布设方案图。

9 河势演变分析、通航论证、防洪评价及水力模型试验成果。

10 有关函件及其他资料。

本规范明确要求对本阶段的水文勘测和分析计算成果资料进行整编，通过整编，使成果资料系统化、条理化，除便于存档备查外，尚可作为初步设计文件附件中水文部分的基础资料。

3.3 施工图设计阶段

3.3.1 施工图设计阶段水文勘测设计应符合下列规定：

1 核实初步设计阶段水文调查和勘测的成果资料。

2 验证初步设计阶段水文分析和计算成果，实地检验桥（涵）孔总体布设及路基调治、防护工程设置的合理性。

3 补充或修正初步设计水文调查和勘测成果资料及水文分析和计算成果，满足施工图设计的需要。

4 根据初步设计审批意见，补充水文调查和勘测内容，调整水文分析和计算成果。

施工图设计阶段的水文勘测设计工作主要是核对、补充、修正初步设计阶段的水文勘测设计，满足施工图设计的需要。

3.3.2　一阶段施工图设计的水文勘测设计工作，应按本规范第3.2节的要求进行。

3.3.3　本节的水文勘测设计工作内容，也适用于技术设计阶段。

4 桥位选择

4.1 一般规定

《公路工程水文勘测设计规范》（JTG C30—2002）在对《公路桥位勘测设计规范》（JTJ 062—91）修订时，删掉了“桥位选择”一章，原因是认为《公路勘测规范》和《公路工程地质勘察规范》会将这部分内容纳入其中。目前来看，《公路勘测规范》（JTG C10—2007）中未见“桥位选择”的内容，从其章节结构上看，也没有写这部分内容的位置；《公路工程地质勘察规范》（JTG C20—2011）在第5.11.2条有3款根据地质条件选择桥位的规定，同时在第7.1.5条和第7.4.8条对岩溶和泥石流地区的选线做出了规定，但这些规定并不适用于“桥位选择”；《公路路线规范》（JTG D20—2006）在第5.0.2条中对路线与桥位的关系有3款原则性的规定，全文未出现“桥位选择”的内容。

从专业分工角度讲，一项工程，普通桥梁的桥位是服从路线走向的，由路线设计人员确定，较少考虑水文方面的影响因素；但是，对于工程中处于控制性节点或在总体造价中占有很大比重的桥梁，其位置就有一个桥位选择的问题。桥位选择工作的主要依据是桥涵水文勘测设计，总体设计人员在此基础上，结合地质、地物、规划等情况最后确定桥位。

桥梁勘测设计的首要工作就是选择一个好的桥位。本次《公路工程水文勘测设计规范》修订中，从收回的48份调研问卷中有32份认为应该增加一章“桥位选择”。为使设计人员开展桥位选择工作有据可依，增加“桥位选择”一章的内容，从水文勘测设计的角度对桥位选择做出相关规定。

4.1.1 除控制性桥位外，桥位选择原则上应服从路线走向。在适当范围内，可根据河段的水文、地形、地质、地物等特征，路桥综合考虑，比选确定。

桥位选择应根据所在公路的任务、功能和将来发展的需要，结合水文、地质、通航、抗洪防灾、环境等条件，按照安全、适用、经济、美观和有利环保的原则进行，力求做到桥梁建筑物和当地生态环境的和谐与协调。

公路路线走向，通常是根据国家和地方拟定的某些控制点来定线，桥位选择原则上应服从路线走向，具体到每个桥位，可在适当范围内加以比选，择优确定。

4.1.2 对水文、地质和技术复杂的特殊大桥的桥位，应在已定路线大方向的前提下，根据河流形态、水文、地质、通航要求、地面设施、施工条件以及与地方经济社会发展的关系等，在较大范围内作全面的技术、经济比较后确定。必要时应先期进行物探和钻探，保证桥梁建造的可实施性。

跨越大江大河的特大桥，往往工程巨大，是公路运输的要害部位。选择一个水文、工程地质条件比较优越的桥位，对保证建桥质量、节约投资、发展经济和公路运输具有决定性的作用。因此，有必要在已定一路线大方向的前提下，在较大的范围内作全面的路桥综合比较，择优选择。如黄石长江公路大桥的桥位，就是在上、下游十几公里的范围内，综合了各方面因素后选定砖瓦厂桥位。但并非所有特大桥都要在较大范围内选定，如铜陵长江公路大桥的桥位，因为它的路线走向、城市布局、河流形势、地形地质条件基本上已成定局，它就是在羊山矶附近 1.5km 范围内选定的。

4.1.3 桥位选择在水文方面应符合下列规定：

1 桥位应选在河道顺直、稳定、较窄的河段上。

2 桥位选择应考虑河道的自然演变以及建桥后对天然河道的影响。

3 桥轴线宜与中、高洪水位时的流向正交。斜交时应在孔径及墩台基础设计中考虑其影响。

桥梁轴线要求与水流流向正交的目的是提高泄洪能力、减轻基础冲刷和改善通航条件。而实际河流高、中、低水位的流向常不一致，要求桥梁轴线与各种水位主流正交有时是不可能的，因此在桥梁孔跨与基础设计中要考虑不能正交的影响。必要时，加大孔跨和增加基础埋深或将基础轴线设计成与水流流向平行。

4.1.4　通航水域的桥位选择应符合下列规定：

1　桥位应选在航道稳定、顺直且具有足够通航水深的河段上，航道不稳定时，应考虑河道变迁的影响。

2　桥轴法线与通航主流的夹角不宜大于5°，大于5°时应增大通航孔的跨径。

3　桥位应避开既有水工设施、港口作业区和船舶锚地等。

根据现行《内河通航标准》(GB 50139)的规定，在内河航道上，桥位应远离险滩、急弯、卡口、分流口、汇流口、水工设施、港口作业区和船舶锚地等。其距离，上游不得小于顶推船队长度的4倍或拖带船队长度的3倍，下游不得小于顶推船队长度的2倍或拖带船队长度的1.5倍；当通航海轮时，上游不得小于代表船型或控制性顶推船队长度4倍的大值，下游不得小于代表船型或控制性顶推船队长度2倍的大值；跨越海域的桥位距上、下游均不得小于代表船型长度的4倍。通航10^4DWT及以上船舶航道上的桥位，远离的距离可适当加大，不能远离时需经实船试验或模型试验论证确定。

通航河道上两桥间距，Ⅰ～Ⅴ级航道应大于代表船队长度与代表船队下行5min航程之和，Ⅵ级和Ⅶ级航道应大于代表船队长度与代表船队下行3min航程之和。

如果不能满足要求，应同航政部门共同研究，在确保船舶和桥梁安全的情况下，协商解决。

4.1.5　对改扩建桥梁，既有桥梁位于港区、地形地物复杂处、航道弯道处或航道交织处，可另择桥位。拟建桥位与既有桥位之间的距离应考虑通航和防洪要求，且水中部分的桥墩宜相互对应。

本条是对桥位选择在改扩建工程中的要求，说明如下：

(1) 改扩建工程的桥位选择应综合考虑。除考虑施工、运营、航运以及路线要求以外，尚应考虑既有工程的利用、拆建费用、改扩建标准和投资规模。

(2) 既有桥梁经多年使用和洪水考验，且既有桥与既有线路的平纵断面配合合理又无明显缺陷时，桥位不宜轻易更动。

(3) 当改建工程标准要求比较高，经充分调查和论证后，既有桥位条件无法进行扩建时，方可另择桥位。

4.2 各类河段上的桥位选择

4.2.1 水深、流急的山区峡谷河段，桥位宜选在可以一孔跨越处。

4.2.2 山区开阔河段，桥位应选在河槽稳定、水深较浅、流速较缓处。

4.2.3 山前变迁河段，桥位宜选在两岸与河槽相对比较稳定的束窄河段上；必须跨越扩散段时，应选在河槽摆动范围比较小的地段。桥轴线宜与洪水总趋势正交。

4.2.4 山前冲积漫流河段，桥位宜选在上游狭窄段或下游收缩河段上，不宜选在中游扩散段。

4.2.5 平原顺直、微弯河段，桥位宜选在河槽与河床走向一致，槽流量较大处，桥轴线宜与河岸线正交。

4.2.6 平原弯曲河段，桥位一般应选在主槽流向与河流总趋势一致的较长河段上；当河湾发展已逼近河床的基本岸边时，桥位宜选在河湾顶部的中间位置。

4.2.7 平原分汊河段，桥位宜选在深泓线分汊点以上；在江心洲稳定的分汊河段上，桥位亦可选在江心洲或洲尾两汊深泓线汇合点以下。

4.2.8 平原宽滩河段，桥位宜选在河滩地势较高、河槽居中、稳定、顺直和滩槽流量比较小的河段上。

4.2.9 平原游荡河段，桥位宜选在两岸有固定依托的较长束窄河段上，桥轴线宜与河岸正交。

4.2.10 倒灌河段，桥位跨越倒灌河段的支流时，桥位宜选在受大河壅水倒灌影响范围之外或受大河壅水倒灌影响较小处跨越。

受大河洪水倒灌影响，当支流发生洪水而干流洪水又急剧下降时，桥前产生积水体积将使泄流加大，对桥高和冲刷均产生不利影响，所以应尽量避开大河倒灌的影响。

4.2.11 潮汐河段，桥位不宜选在涌潮区段，应避开凹岸和滩岸消长多变地段，不宜紧邻挡潮闸。

（1）桥位不宜选在涌潮区段，如不可避免，则应考虑涌潮压力和涌潮过后的高速水流对桥墩的影响。

（2）桥位不应选在受潮汐影响的凹岸和滩岸消长多变的地段，如不可避免时，应考虑：

①潮流和径流相互作用区，易形成拦门沙。

②盐水和淡水交汇易产生泥沙颗粒絮凝现象，促进泥沙淤积。

③桥梁轴线应与泥沙运动方向和波浪的作用方向垂直，如果两者不一致，应考虑与泥沙运动方向垂直。

（3）桥位不宜选在挡潮闸附近，如不可避免时，应考虑：

①因关闸而造成的海、陆相泥沙在闸上、下游河段淤积的影响。

②开闸造成水流集中和扰乱，引起闸下河段的极其复杂的冲淤变化对桥梁所产生的不利影响。

4.2.12 冰凌河段，桥位宜选在河道顺直稳定、主槽较深、流冰顺畅的河段上，不宜选在浅滩、沙洲较多，河流分汊，水流不畅等容易发生冰塞、冰坝的河段。

我国北方严寒地区，冰凌情况十分特殊和复杂，凌汛期冰塞洪水、冰坝洪水和融冰洪水常常造成水位暴涨，发生灾害，威胁桥梁结构。因此，桥位选择时，应根据河流冰情特征，来水、来冰过程，阻冰壅水影响等进行综合分析，择优确定。

4.3 特殊地区的桥位选择

4.3.1 水库地区的桥位选择应符合下列规定：

1 应考虑因修建水库而引起的河流状态的改变，以及可能产生的各种不利因素。

2 在水库蓄水影响区内时，桥位宜选在库面较窄、岸坡稳定、泥沙沉积较少的地段；在封冰地区，不应选在回水末端、容易形成冰坝的地段。

3 在水库下游，桥位宜选在下游集中冲刷影响范围以外。

4.3.2 泥石流地区的桥位选择应符合下列规定：

1 在泥石流发展强烈的形成区，应采取绕避方案。

2 不宜挖沟设桥，亦不宜改沟并桥。

3 路线必须通过泥石流流通区时，桥位应选在沟床稳定的流通区的直线段上，并宜与主流正交。不应选在沟床纵坡由陡变缓、断面突然收缩或扩散地段以及弯道的转折处。

4 路线通过泥石流堆积扇时，桥位应避开扇腰、扇顶部位，宜选在扇缘及其尾部，桥梁应沿等高线分散设置。如堆积扇濒临大河受到水流切割时，桥位应考虑切割的发展，留有一定的安全余地。

5 路线通过泥石流堆积扇群时，桥位宜选在各沟出山口处或横切各扇缘尾部。

第1～2款，在泥石流发展强烈的形成区，不应设桥，不宜采用挖沟设桥或改沟并桥的方法。如采用压低线位高度，下挖改沟设桥的设计方案，建成后会出现淤积严重现象，造成养护困难。

第3款，在有泥石流的河沟上，桥位选在沟床由缓变陡地段有利于泥石流排泄。在泥石流沟的弯道转折处，容易形成弯道泥石流超高和泥石流龙头爬高，故此处不宜设桥。

第4款，因为扇腰、扇顶泥石流漫流范围广，各沟槽流势多变，淤积速度快，使桥孔布设、净高、孔跨等都很难掌握，而在扇缘及其尾部通过，采用沿等高线定线，并分散设桥，净空考虑足够的淤积量，实践证明是可行的。

4.3.3 平原低洼（河网）地区的桥位选择应符合下列规定：

1 桥位选择应注意与当地水利和航运规划相配合，不宜选在水闸、引水或分洪口门等水利工程附近。

2 桥位宜选在两岸地势较高处，不宜选在淤泥或土质特殊松软的地段。

3 桥位跨越灌溉渠网时，不宜破坏原有排灌系统。

4.3.4 岩溶地区桥位选择应符合下列规定：

1 桥位宜避开强岩溶地区，选择岩溶发育轻微的区域。必须在强岩溶地区设桥时，应选在岩层比较完整、洞穴顶板较厚处。

2 桥位应避开巨大洞室、大竖井和构造破碎带。无法绕避构造破碎带时，应使桥位垂直或以较小的斜交角通过。

3 桥位宜设在非可溶岩层地带上，不宜设在可溶岩层与非可溶岩层的接触带上。

4 路线跨越岩溶丘陵区的峰间谷地时，桥位不宜选在漏斗、落水溶洞、岩溶泉、地下通道以及地下河出露处。

5 岩溶塌陷区的桥位应选在工业与民用取水点所形成的地下水位下降漏斗范围以外，覆盖层较厚、土层稳固、洞穴和地下水位稳定处。

6 地下河范围内不宜设桥。

第2款，岩溶地区的构造破碎带，岩层断裂破碎，地下水丰富，地表与地下径流循环交替频繁，岩溶极易发育，常分布有岩溶大厅、巨大洞穴和竖井、多层溶洞、地下河等，故桥位应避开构造破碎带。

第3～4款，可溶岩层与非可溶岩层接触带，是地表水和地下水滞流，溶蚀强烈和地质动力现象最活跃的地带，常有落水洞、坍陷漏斗和网状洞穴分布，也可能有与接触带走向一致的地下河或者有地下通道与横向地下河相连而形成纵、横交错的地下洞穴，故桥位宜避开可溶岩层与非可溶岩层接触带。

第5款，岩溶塌陷区，地势平缓，覆盖层薄，土层松散，地下水位高，不稳定，且因洞穴、漏斗、溶槽内未被充填的空洞或者填充不密，洞穴和顶板不稳定，经洼地积水、渗水、岩溶水侵蚀易形成地表塌陷，故岩溶塌陷区。

4.3.5 海湾地区的桥位选择应符合下列规定：

1 桥位宜选在有岛屿相连、过水断面较窄的地段。

2 桥位宜选在与两岸公路连接顺畅、桥轴线与海流流向正交的地段。

3　桥位宜选在海岸基本稳定，泥沙来源少、沿岸泥沙流弱的地段。不宜选在两股或多股泥沙流相汇的地段。

4　桥位选择宜避开船舶锚地。

本条系根据杭州湾跨海大桥、东海大桥、厦漳大桥、厦门海沧大桥、汕头海湾大桥、湛江海湾大桥、青岛海湾大桥、虎门大桥、港珠澳大桥等的桥位比选说明和实地调研总结而来。

5 水文调查与勘测

5.1 一般规定

5.1.1 水文调查与勘测应为水文分析和计算提供基础资料，其分析和计算成果应作为确定设计洪水的依据。

5.1.2 水文调查与勘测的主要内容，应满足工程水文分析和计算的需要，并应符合本规范第3章的有关规定。

5.2 水文调查

5.2.1 汇水区概况调查宜包括下列内容：

1 绘制沿线水系图，核实低洼内涝区、分洪区、滞（蓄）洪区的分布及主要水利工程位置和形式。

2 从地形图上量绘沿线各汇水区面积、长度、宽度、坡度等特征值及主要水利工程控制的汇水面积。

3 调查岩溶、泉水、泥石流等的分布和规模，以及土壤类型、地形、地貌、植被情况等特征资料。

4 调查各汇水区内对工程设计有影响的水利及河道整治规划资料。

5.2.2 河段调查宜包括下列内容：

1 收集河段历年变迁的图纸和资料，调查河湾发展及滩槽稳定情况。

2 调查支流、分流、急滩、卡口、滑坡、塌岸和自然壅水等现象。

3 调查洪水流泛滥宽度、河岸稳定程度。

4 调查河床冲淤变化、上游泥沙来源、历史上淤积高度和下切深度。

5 调查河堤设计标准、河道安全泄洪量及相应水位。

6 调查河道整治方案及实施时间。

7 调查航道等级，最高和最低通航水位，通航孔数，高、中、低水位的上、下行航线位置。

8 调查漂流物类型及尺寸。

9 根据河床形态、泥沙组成、岸壁及植被情况，确定河床各部分洪水糙率。

第9款，可按本宣贯读本附件1“糙率表”确定河床各部分洪水频率。

5.2.3 洪水调查应符合下列规定：

1 应结合所收集的历史洪水资料，在河段两岸调查各次洪水发生的时间、洪痕位置、洪水来源、涨落过程、主流方向，调查有无漫流、分流及受人工建筑物的影响，确定洪水重现期。

2 应调查各次洪水发生时的雨情、灾情、汇水区内有无受人类活动影响及自然条件有无变化，并按大小排序确定其重现期。

3 洪水调查的河段宜选择两岸有较多洪痕点，水流顺直稳定，无回流、分洪及人工建筑物影响处，并宜靠近水文断面。

4 同一次洪水应调查3个以上较可靠的洪痕点，作出标志，记录洪痕指定人的姓名、职业、年龄和叙述内容。根据指定的洪痕标志物情况、指定人对洪水记忆程度，综合分析，可按照表5.2.3的规定判断洪痕点的可靠性。

表5.2.3 洪痕可靠程度评定标准

评定因素	等级		
	1	2	3
	可靠	较可靠	供参考
指认人的印象和旁证情况	亲眼所见，印象深刻，情况逼真，旁证确凿	亲眼所见，印象深刻，所述情况较逼真，旁证材料较少	听传说或印象不深刻，所述情况不够清楚具体，缺乏旁证
标志物和洪痕情况	标志物固定，洪痕位置具体或有明显的洪痕	标志物变化不大，洪痕位置较具体	标志物有较大变化，洪痕位置不具体
估计可靠误差范围(m)	小于0.2	0.2～0.5	0.5～1.0

注：评定时以表内1、2为主，3项仅作参考，使用时应根据具体情况确定。

在水文调查和勘测中，经常遇到现有的水文观测资料不足或没有水文观测资料，就需要调查历史洪水，补充观测资料的不足或直接推求设计洪水；即使有较长的水文观测资料，为避免发生较大的误差及验证分析计算成果，也需要进行历史洪水调查，所以在水文调查与勘测工作中，一般都应进行历史洪水调查和考证，确定历史洪水的重现期。

历史洪水调查工作要深入细致地进行，对调查到的每个洪痕点，除详细记录当时洪水情况外，尚需做出可靠性评定。

5.2.4 在洪水调查的同时，应调查枯水位、常水位，洪水期的水面横坡、水拱及波浪高度等。

5.2.5 冰凌调查宜包括下列内容：

1 调查历年封冻及开河时间、开河形势、最高和最低流冰水位。

2 调查冰塞和冰坝现象、历史上凌汛水害情况以及流冰对上、下游建筑物的影响。

5.2.6 涉河工程调查宜包括下列内容：

1 桥位河段上既有桥梁设计洪水标准、过河管缆的跨度、基础埋深、修建年代、水毁和防护等情况。

2 堤坝设计洪水标准、结构形式、基础埋置深度、施工质量、洪水检验情况。

3 上、下游水库位置、设计洪水标准、泄洪流量、控制汇水面积、回水范围及建库后上、下游河床冲淤变化。

4 取水口、泵站、码头、储木场、锚地等涉河工程的位置及其对公路工程的影响。

5.3 水文勘测

5.3.1 水文断面测绘应符合下列规定：

1 水文断面宜选在洪痕分布较多、河岸稳定、冲淤不大、泛滥宽度较小、无死水和回流、断面比较规则的顺直河段上，宜与流向垂直。

2 水文断面应在桥位上、下游各测绘一个；对河面不宽的中桥，可只测绘一个；当桥位断面符合水文断面条件时，桥位断面可作为水文断面。对改扩建工程，应施测既有桥梁处水文断面，并在不受既有桥梁影响的河段上，再选1～2个水文断面测绘。

3 平原宽滩河流测绘范围应测至历史最高洪水泛滥线以外50m；山区河流应测至历史最高洪水位以上2～5m。

4 应标出河床地面线、滩槽分界线、植被和地质情况、糙率、测时水位、施测时间、历史洪水位及发生年份、其他特征水位等。滩槽分界线应在现场确定。

水文断面是为求算水位、流量、流速等水文特征值而布设，这些水文特征值一般采用均匀流的理论计算，故要求布设在比较规则的顺直河段上；一般要求测绘两个水文断面，是为相互验证计算值；对于水面不宽的中桥，可只测绘一个水文断面。

5.3.2 河段比降测绘应符合下列规定：

1 水文断面测绘范围，下游不应小于1倍河宽，上游不应小于2倍河宽。

2 应标出河床比降线、测时水面比降线、历次洪水比降线、水文断面及桥位断面位置。

河段比降的测绘范围规定为水文断面下游1倍河宽，水文断面上游2倍河宽，包括桥位及其上、下游水文断面位置在内的总长度，以便利用河段比降图推求桥位的设计水位；另一方面，上、下游的测绘水位差亦不能过小，否则就难以点绘出比降图。河段比降高程一般要求用水准仪施测，根据现有施测水平及需要，读数至厘米。

5.3.3 河床质测定应符合下列规定：

1 河床质测定应根据地质勘探资料确定河床断面各层河床质的类别、性质和平均粒径。

2 对表层河床质，可按现行《公路土工试验规程》(JTG E40) 规定，采集扰动土样，进行颗粒分析或液、塑限试验确定。

3 河槽内的土样采集数量，小桥涵不应少于1个，中桥不应少于2个，大桥、特大桥不应少于3个；河滩内的采集数量，可视土质分布情况取1～2个。

4 采样深度应大于底沙运动的厚度。

5.3.4 冰凌观测应符合下列规定：

1 在春季即将开河时，宜现场观测河心冰厚、冰温、冰块尺寸、流动速度和方向、冰层面积、沿水流方向的长度、冰层下的水流流速、水面比降、风速、风向、气温变化率，以及冰压力计算所需的其他内容。

2 观测期不宜少于一个凌汛期，宜每隔5d观测一次，必要时应按每隔1～2d观测一次。

5.3.5 改扩建工程除常规水文勘测内容外，尚应测绘既有工程与拟建工程的相互关系、既有工程水害和修复的工程范围，测量既有桥梁墩台冲刷深度。

5.4 洪水观测

5.4.1 对水文情况复杂或需做水力模型试验的特殊桥梁，应进行洪水观测，观测项目可视需用而定，宜包括水位、水深、流速、流向、水文断面、水面比降和含沙量。一般桥梁在勘测遇洪水时，宜进行水位、流速、流向、比降等观测，洪水过后补测水文断面。

5.4.2 水位、水面比降观测应符合下列规定：

1 应在水文断面上设基本水尺或自记水位计观测水位；在基本水尺上、下游应分别布设比降水尺，观测水面比降；也可用基本水尺兼用上游或下游比降水尺。比降水尺间距不宜小于表5.4.2的要求。

表5.4.2 比降水尺间距

比降(%)	0.068	0.038	0.028	0.022	0.019	0.016	0.015	0.013	0.012	0.011
水尺间距(m)	100	200	300	400	500	600	700	800	900	1 000

2 基本水尺的观测时段和精度，宜与上、下游水文（位）站一致。在水位变化急剧的洪水期，应增加观测次数，控制洪峰过程。

3 上、下游比降水尺的水位，宜同时观测，观测次数应与流速观测相一致。

4 洪水位观测，可在涨水过程、洪峰附近、落水过程中各观测一次，同时沿水文断面上、下游观测水面比降。观测总长度宜控制水面差0.1～0.3m，上游长度占2/3，下游长度占1/3。

5.4.3 流速观测应符合下列规定：

1 宜采用流速仪施测，有困难时可用均匀浮标法施测。当洪峰历时短、需缩短测速时间时，可改用中泓浮标法施测。

2 流速观测不应少于一个洪峰过程，每个洪峰至少应峰前观测2次，峰顶附近观测1次，峰后观测2次。同时应观测水位、风力和风向。

3 一般桥梁可采用中泓浮标法或漂浮物浮标法施测，在洪峰峰前、峰后及峰顶附近各测一次。

5.4.4 流向观测宜符合下列规定：

1 可采用流向仪、流向器、浮标等观测。当采用浮标观测时，宜与浮标测速同时进行。

2 采用浮标观测的河段长度，在水文断面或桥位上游不宜小于2倍河宽，在水文断面或桥位下游不宜小于1倍河宽。

3 宜根据浮标运行轨迹确定流向。

5.4.5 水深、水文断面测量宜与测速同时进行，并应符合本规范第5.3.1条的有关规定。

6 设计洪水分析与计算

6.1 一般规定

6.1.1 设计洪水应符合本规范第 1.0.8 条规定频率的年最大洪水流量及相应的流量过程线。当构造物以水位控制设计时，设计洪水位应符合本规范第 1.0.8 条规定频率的年最高洪水位。当以暴雨径流计算设计流量时，应符合本规范第 1.0.8 条规定频率的雨力或降雨量。

6.1.2 用于分析与计算的洪水资料，应审查其可靠性、一致性和系列代表性。

6.1.3 洪水分析与计算可根据资料情况及地区特点，采用多种方法，经分析论证后，选用合理的分析计算成果。

6.2 利用实测流量系列推算设计流量

6.2.1 实测流量资料的审查和选择应符合下列规定：

1 应选择同一洪水类型、符合独立随机条件的各年实测最大洪水流量。

2 各年实测最大洪水流量，当有人为影响或河道自然决口、改道等情况时，应按天然条件修正还原。

3 不同时期的实测最大洪水流量，当有站址、水准基面等基本要素改动时，应根据历次变动的相关关系进行修正。

4 实测洪水流量系列中为首的几项，应通过流域洪水分析、比较或实地调查考证，审查其可靠性。

5 计算洪水频率时，实测洪水流量系列不宜少于 30 年，且应有历史洪水调查和考证成果。

6.2.2 实测洪水流量系列的插补、延长和转换应符合下列规定：

1 当水文计算断面的汇水面积与水文站的汇水面积之差，小于水文站汇水面积的20%，且不大于1 000km²，汇水区的暴雨分布较均匀，区间无分洪、滞洪时，可按下式将水文站的实测最大洪水流量转换为水文计算断面的洪水流量：

$$Q_1 = \left(\frac{F_1}{F_2}\right)^{n_1} Q_2 \tag{6.2.2}$$

式中：Q_1、F_1——水文计算断面的洪水流量（m^3/s）和汇水面积（km^2）；

Q_2、F_2——水文站的实测最大洪水流量（m^3/s）和汇水面积（km^2）；

n_1——按地区经验值取用，一般大中河流 $n_1=0.5\sim0.7$，汇水面积小于 $100km^2$ 的较小河流 $n_1 \geqslant 0.7$。

2 当实测洪水位系列长于实测洪水流量系列，或缺测洪水流量年份而有实测洪水位资料时，宜建立实测水位与流量关系曲线，以此延长或插补洪水流量系列。

3 插补、延长年数不宜超过实测洪水流量的年数，并应结合气象和地理条件作合理性分析。

“当水文计算断面的汇水面积与水文站的汇水面积之差，或上、下游两水文站的流域面积之差小于水文站汇水面积的20%，且不大于1 000km²，汇水区的暴雨分布较均匀，区间无分洪、滞洪时”，按流域面积比拟法转换。主要对两断面的汇水面积或两站的流域面积的上限进行双控。

6.2.3 洪水流量的经验频率计算应符合下列规定：

1 对连续系列，可按下式估算：

$$P_m = \frac{m_i}{n+1} \times 100 \tag{6.2.3-1}$$

式中：P_m——实测洪水流量的经验频率（%）；

m_i——按实测洪水流量系列递减次序排列的序位；

n——实测洪水流量系列项数。

2 对不连续系列可按下列方法之一估算：

1）调查期 N 年中的特大洪水流量和实测洪水流量分别在各自系列中排位，

实测洪水流量的经验频率可按式（6.2.3-1）估算，特大洪水流量的经验频率可按下式估算：

$$P_M=\frac{M}{N+1}\times 100 \tag{6.2.3-2}$$

式中：P_M——历史特大洪水流量或实测系列中的特大洪水流量经验频率（%）；

M——历史特大洪水流量或实测系列中的特大洪水流量在调查期内的序位；

N——调查期年数。

2）将调查期 N 年中的特大洪水流量和实测洪水流量组成一个不连续系列，特大洪水流量的经验频率可按式（6.2.3-2）估算，其余实测洪水流量经验频率可按下式估算：

$$P_m=\left[\frac{a}{N+1}+\left(1-\frac{a}{N+1}\right)\frac{m_i-l}{n-l+1}\right]\times 100 \tag{6.2.3-3}$$

式中：P_m——实测洪水流量经验频率（%）；

a——特大洪水的项数；

l——实测洪水流量系列中按特大洪水流量处理的项数。

6.2.4　理论频率曲线宜采用皮尔逊Ⅲ型曲线，在特殊情况下经分析论证后，也可采用其他线型。

6.2.5　频率曲线统计参数计算可采用求矩适线法、三点适线法、绘线读点补矩法计算洪水流量系列的均值 $\overline{Q}$、偏差系数 C_V、偏态系数 C_S 初算值。点绘理论频率曲线与实测流量经验频率点据相比较，吻合程度不理想时，可调整 C_V、C_S 值，使两者基本吻合。

6.2.6　设计流量应根据调整后的频率曲线参数按下式推算：

$$Q_p=\overline{Q}(1+\Phi_p C_V) \tag{6.2.6}$$

式中：Q_p——设计流量（m^3/s）；

Φ_p——离均系数。

6.3 利用历史洪水位推算设计流量

6.3.1 历史洪水流量可按下列方法之一计算：

1 当调查的历史洪水位处于水面比降均一、河道顺直、河床断面较规整的稳定均匀流河段时，可按下列公式计算：

$$Q = A_c v_c + A_t v_t \tag{6.3.1-1}$$

$$v_c = \frac{1}{n_c} R_c^{\frac{2}{3}} I^{\frac{1}{2}} \tag{6.3.1-2}$$

$$v_t = \frac{1}{n_t} R_t^{\frac{2}{3}} I^{\frac{1}{2}} \tag{6.3.1-3}$$

式中：Q——历史洪水流量（m^3/s）；

A_c、A_t——河槽、河滩过水面积（m^2）；

v_c、v_t——河槽、河滩平均流速（m/s）；

n_c、n_t——河槽、河滩糙率；

R_c、R_t——河槽、河滩水力半径（m），当宽深比大于10时，可用平均水深代替；

I——水面比降。

2 当调查的历史洪水位处于河床断面形状和面积相差较大的稳定非均匀流河段时，可按下列公式计算：

$$Q = \overline{K} \sqrt{\frac{\Delta H}{L - \left(\frac{1-\xi}{2g}\right)\left(\frac{\overline{K}^2}{A_1^2} - \frac{\overline{K}^2}{A_2^2}\right)}} \tag{6.3.1-4}$$

$$\Delta H = H_1 - H_2 \tag{6.3.1-5}$$

$$\overline{K} = \frac{1}{2}(K_1 + K_2) \tag{6.3.1-6}$$

$$K_1 = \frac{1}{n_{c1}} A_{c1} R_{c1}^{\frac{2}{3}} + \frac{1}{n_{t1}} A_{t1} R_{t1}^{\frac{2}{3}} \tag{6.3.1-7}$$

$$K_2 = \frac{1}{n_{c2}} A_{c2} R_{c2}^{\frac{2}{3}} + \frac{1}{n_{t2}} A_{t2} R_{t2}^{\frac{2}{3}} \tag{6.3.1-8}$$

式中：H_1、H_2——上、下游断面的水位（m）；

ΔH——上、下游断面的水位差（m）；

L——上、下游两断面间距离（m）；

A_1、A_2——上、下游断面总过水面积（m^2）；

A_{c1}、A_{t1}——上游断面河槽、河滩过水面积（m^2）；

A_{c2}、A_{t2}——下游断面河槽、河滩过水面积（m^2）；

R_{c1}、R_{t1}——上游断面河槽、河滩水力半径（m）；

R_{c2}、R_{t2}——下游断面河槽、河滩水力半径（m）；

n_{c1}、n_{t1}——上游断面河槽、河滩糙率；

n_{c2}、n_{t2}——下游断面河槽、河滩糙率；

K_1、K_2——上、下游断面输水系数（m^3/s）；

$\overline{K}$——上、下游断面输水系数的平均值（m^3/s）；

g——取用 9.80（m/s^2）；

ξ——局部水头损失系数。向下游收缩时，取 −0.1～0；向下游逐渐扩散时，取 0.3～0.5；向下游突然扩散时，取 0.5～1.0。

3　当调查的历史洪水位处于洪水水面线有明显曲折的稳定非均匀流河段时，可按下列公式试算水面线，推求历史洪水流量：

$$H_1 = H_2 + \frac{Q^2}{2}\left[\left(\frac{1}{K_1^2}+\frac{1}{K_2^2}\right)L - \frac{1-\xi}{g}\left(\frac{1}{A_1^2}-\frac{1}{A_2^2}\right)\right] \quad (6.3.1\text{-}9)$$

$$A_1 = A_{c1} + A_{t1} \quad (6.3.1\text{-}10)$$

$$A_2 = A_{c2} + A_{t2} \quad (6.3.1\text{-}11)$$

4　当调查的历史洪水位处于卡口，且河底无冲刷时，可按下式计算：

$$Q = A_2\sqrt{\frac{2g(H_1 - H_2)}{\left(1-\frac{A_2^2}{A_1^2}\right)+\frac{2gLA_2^2}{K_1K_2}}} \quad (6.3.1\text{-}12)$$

式中：H_1、A_1——卡口上游断面的水位（m）、过水面积（m^2）；

H_2、A_2——卡口断面的水位（m）、过水面积（m^2）；

K_1、K_2——卡口上游断面、卡口断面的输水系数（m^3/s）。

6.3.2　历史洪水流量的经验频率，可根据当地老居民的记述或历史文献考证确定历史洪水流量的序位，按本规范式（6.2.3-2）计算。

6.3.3 设计流量应按下列规定推算：

1 利用历史洪水流量推算设计流量，历史洪水流量不宜少于两次，C_V、C_S值应符合地区分布规律，如出入较大，应分析原因，作适当调整。

2 当有多个历史洪水流量能在海森概率格纸上点绘出经验频率曲线时，可按本规范第6.2.5条和第6.2.6条的规定求算$\overline{Q}$、C_V、C_S值及Q_p值。

3 当各次历史洪水流量不能在海森概率格纸上定出经验频率曲线时，可按以下方法推算设计流量：

1）参照地区资料，选定C_V、C_S值。

2）按以下公式计算平均流量：

$$\overline{Q}_{Ti} = \frac{Q_{Ti}}{1 + \Phi_T C_V} \tag{6.3.3-1}$$

$$\overline{Q} = \frac{\sum_{i=1}^{n} \overline{Q}_{Ti}}{n} \tag{6.3.3-2}$$

式中：$\overline{Q}_{Ti}$——按第i次历史洪水流量计算的平均流量（m^3/s）；

Q_{Ti}——第i次重现期为T年的历史洪水流量（m^3/s）；

Φ_T——重现期为T年的离均系数；

n——历史洪水流量的年次数。

3）按本规范式（6.2.6）推算设计流量。

6.4 设计流量计算的其他方法

6.4.1 无资料地区，可按地区经验公式及水文参数求算设计流量。求算的设计流量应有历史洪水流量的验证。

本条所述地区经验公式及水文参数，参照各地区水文手册取用，最好参照各省（区、市）水文水利部门新近出版的水文手册计算。也可按本宣贯读本附件2“全国各水文分区流量计算参数”的经验公式求算设计流量，并应有历史洪水流量的验证。

6.4.2 汇水面积小于 $100km^2$ 的河流，可按推理公式计算，公式中的参数和指数，采用各地区编制的暴雨径流图表值。

6.4.3 小桥涵、路基工程及特殊地区的设计流量计算，尚应符合本规范第9～11章的规定。

6.5 设计水位

6.5.1 当桥位计算断面与水文断面间的河段顺直、断面规整、河底纵坡均一时，宜按本规范式（6.3.1-1），绘制水文断面的水位—流量关系曲线，按设计流量确定设计水位后，利用水面比降推算出桥位计算断面的设计水位。

6.5.2 当桥位计算断面和水文断面上、下游有卡口、人工建筑物或断面形状和面积相差较大，河底纵坡有明显曲折时，宜按本规范式（6.3.1-9），采用试算法求算设计流量时的水面线，推求设计水位。

6.5.3 特殊地区的设计水位，应按本规范第11章的规定计算。

6.6 设计洪水过程线

6.6.1 有流量观测资料时，可选用洪水较大、对桥梁设计不利的实测洪水过程线作为典型，按同倍比放大成设计洪水过程线。放大倍比可按下式计算：

$$k_g = \frac{Q_p}{Q} \tag{6.6.1}$$

式中：k_g——放大倍比；

Q——典型洪水的洪峰流量（m^3/s）；

Q_p——设计流量（m^3/s）。

选择典型洪水过程线需要考虑：

（1）从历年实测洪水过程线中，选择在设计条件下可能发生的、能代表大洪水一般特性的洪水过程线。

(2) 峰高、量大、峰型集中、主峰发生偏后、对设计不利的洪水过程线。

放大的方法，按本条式（6.6.1）同倍比放大或采用洪量同频率分时段控制放大。

6.6.2　无流量观测资料时，可按各地水利部门的方法绘制。

7 桥孔设计

7.1 一般规定

7.1.1 桥孔设计必须保证设计洪水以内的各级洪水和泥沙安全通过，并满足通航、流冰及其他漂流物通过的要求。

7.1.2 桥孔布设应适应各类河段的特性及演变特点，避免河床产生不利变形，且做到经济合理。各类河段的特性及河床演变特点见本规范附录A。

7.1.3 建桥后引起的桥前壅水高度、流势变化和河床变形，应在安全允许范围之内。

7.1.4 桥孔设计应考虑桥位上下游已建或拟建的水利工程、航道码头和管线等引起的河床演变对桥孔的影响。

7.1.5 桥位河段的天然河道不宜开挖或改移。需要开挖、改移河道时，应通过可靠的技术经济论证。

7.1.6 跨越河口、海湾及海岛之间的桥梁，必须保证在潮汐、海浪、风暴潮、海流及海底泥沙运动等各种海洋水文条件影响下，正常使用和满足通航的要求。

桥位选定后，桥孔设计的主要任务是根据设计洪水，结合河段特性、河床断面形态和地质资料、桥头引线设计，确定桥孔最小净长度、桥孔设计长度和桥面高程。

本节为各类河段在桥孔设计时应遵守的一般规定，跨海桥梁的桥孔设计还需要遵守海洋、港口、航道海运等方面的有关规定。

7.2 桥孔长度

7.2.1 桥孔最小净长度宜符合下列规定：

1 峡谷河段，可按河床地形布孔，不宜压缩河槽，可不作桥孔最小净长度计算。

2 开阔、顺直微弯、分汊、弯曲河段及滩、槽可分的不稳定河段，宜按下式计算桥孔最小净长度：

$$L_j = K_q \left(\frac{Q_p}{Q_c}\right)^{n_3} B_c \qquad (7.2.1\text{-}1)$$

式中：L_j——桥孔最小净长度（m）；

Q_p——设计流量（m^3/s）；

Q_c——河槽流量（m^3/s）；

B_c——河槽宽度（m）；

K_q、n_3——系数和指数，应按表7.2.1采用。

表7.2.1 K_q、n_3 值

河段类型	K_q	n_3
开阔、顺直微弯河段	0.84	0.90
分汊、弯曲河段	0.95	0.87
滩、槽可分的不稳定河段	0.69	1.59

3 宽滩河段，宜按下列公式计算桥孔最小净长度：

$$L_j = \frac{Q_p}{\beta \cdot q_c} \qquad (7.2.1\text{-}2)$$

$$\beta = 1.19 \left(\frac{Q_c}{Q_t}\right)^{0.10} \qquad (7.2.1\text{-}3)$$

式中：β——水流压缩系数；

q_c——河槽平均单宽流量［$m^3/(s \cdot m)$］；

Q_t——河滩流量（m^3/s）。

4 滩、槽难分的不稳定河段，宜按下列公式计算桥孔最小净长度：

$$L_j = C_p \cdot B_0 \qquad (7.2.1\text{-}4)$$

$$B_0 = 16.07\left(\frac{\overline{Q}^{0.24}}{\overline{d}^{0.3}}\right) \tag{7.2.1-5}$$

$$C_p = \left(\frac{Q_p}{Q_{2\%}}\right)^{0.33} \tag{7.2.1-6}$$

式中：B_0——基本河槽宽度（m）；

$\overline{Q}$——年最大流量平均值（m^3/s）；

$\overline{d}$——河床泥沙平均粒径（m）；

C_p——洪水频率系数；

$Q_{2\%}$——频率为2%的洪水流量（m^3/s）。

桥孔最小净长度 L_j 是指在给定的水文和河床条件下，安全通过设计流量所必需的最小桥孔净长度，亦为扣除墩宽后的净跨径。原规范公式的制定，是以1974～1976年全国公路大中桥孔径设计调查资料（取样124座桥）为基础，并补充了1998年原交通部公路司发出的《关于进行全国大中桥孔径设计资料调查》文件以来，各省呈报1970年后建成的、经洪水考验评定为桥长合适的桥孔设计资料（取样62座桥），共得到186座各类河段上的桥梁样本（包括1950～1995年建成的桥梁）。水力学理论分析和量纲分析表明，决定桥孔净长度的主要因素是河槽宽度 B_c 或基本河槽宽度 B_0、滩槽流量比 Q_p/Q_c，其次为河槽宽深比 B_c/h_c、比降 I 和无量纲谢才系数 C。然后，应用逐步回归分析和误差分析建立桥孔净长度的公式。

对于各类有明显河岸、滩槽分明、能够确定河槽宽度 B_C 的河段，最小桥孔净长度 L_j 都可按式（7.2.1-1）确定。

对于无明显河岸、滩槽难分的变迁、游荡河段，无法确定河槽宽度 B_c，首先按河相关系确定基本河宽 B_0，按式（7.2.1-4）确定桥孔净长 L_j。

基本河宽 B_0 公式是根据我国实桥资料（大中桥孔径设计研究全国实桥调查资料汇编，1976年，南宁，当时的设计洪水频率为2%）逐步回归分析得到的最优回归方程（7.2.1-5）。洪水频率系数 C_p 是调整设计洪水频率不同而水面宽度变化的系数。

基本河宽 B_0 是由河相关系确定的、一个多年洪水反复作用形成的基本水流宽度。B_0 公式中的流量应是造床流量，或以平均流量来反映造床流量。式

(7.2.1-5)是根据我国新疆、青海、甘肃、内蒙古、河北等地的无明显河岸、滩槽难分的变迁性河段(d较大)和游荡性河段(d较小)的实桥资料,应用逐步回归分析建立的最优估算值(复相关系数$R=0.9408$)。基本河宽不可能是某一次特大洪水形成的宽度,只能是反映了一种平均宽度的概念。

根据《公路工程水文勘测设计规范》制修订项目专题研究报告之三《现行桥孔长度计算公式适应性分析与论证》,本条是沿用《公路工程水文勘测设计规范》(JTG C30—2002)中的桥孔最小净长度计算公式。该公式经过多次补充修订,概念清楚明确,理论与实践相结合,简单实用,具有一定可操作性,可以继续使用。

7.2.2 桥孔设计长度除应满足本规范第7.2.1条计算的最小净长度外,尚应结合桥位地形、河床地质、桥前壅水、冲刷深度、桥梁及引道纵坡和台后填土高度等情况,进行不同桥长的技术经济比较,综合论证后确定。

笔者依据多年生产实践,认为河床的天然几何断面是多年洪水作用的结果,不宜轻易改变。如改变,必将采取增大调治工程规模的方法整治河道,一旦治理不当,将产生严重水害或水毁,应慎之。

7.3 桥孔布设

7.3.1 桥孔布设应与天然河流断面流量分配相适应。在稳定河段上,左右河滩桥孔长度之比应近似与左右河滩流量之比相当;在次稳定和不稳定河段上,桥孔布设必须考虑河床变形和流量分布变化趋势的影响。桥孔不宜压缩河槽,可适当压缩河滩。

7.3.2 在内河通航的河段上,通航孔布设应符合通航净空要求,并应充分考虑河床演变和不同水位所引起的航道变化。

7.3.3 在设有防洪堤的河段上,桥孔布设应避免扰动现有河堤。与堤防交叉处宜留有防汛抢险通道。

根据地形条件、现有河堤状况以及防汛时交通情况,同河道主管部门协商确定防汛通道及其引道的位置和标准。

7.3.4 在断层、陷穴、溶洞、滑坡等不良地质地段不宜布设墩台。

7.3.5 在冰凌严重河段，桥孔应适当加大，并应增设防冰撞措施。

7.3.6 山区河流的桥孔布设应符合下列规定：

1 峡谷河段宜单孔跨越。桥面设计高程应根据设计洪水位，并结合两岸地形和路线等条件确定。

2 在开阔河段可适当压缩河滩。河滩路堤宜与洪水主流流向正交，斜交时应增设调治工程。

3 山区沿河纵向桥，宜提高线位，将沿河纵向桥设置在山坡坡脚，避开水面或少占水面。

第3款，山区沿河纵向桥近些年来，由于各省都在山区修建高等级公路，为了克服地形对路线布设的制约，平行于河流的纵向桥方案在工程实践中多有采用。本次修订依据调研意见，对该类桥梁桥孔布设作了补充规定。

7.3.7 平原河流的桥孔布设应符合下列规定：

1 在顺直微弯河段，桥孔布设应考虑河槽内边滩下移、主槽在河槽内摆动的影响。

2 在弯曲河段，应通过河床演变调查，预测河湾发展和深泓变化，考虑河槽凹岸水流集中冲刷和凸岸淤积等对桥孔及墩台的影响。

3 在滩槽较稳定的分汊河段上，若多年流量分配基本稳定，可考虑布设一河多桥。桥孔布设应预计各汊流流量分配比例的变化，并应设置同流量分配相对应的导流构造物。

4 在宽滩河段，可根据桥位上下游主流趋势及深泓线摆动范围布设桥孔，并可适当压缩河滩，但应考虑壅水对上游的影响。当河汊稳定又不宜导入桥孔时，可考虑修建一河多桥。

5 在游荡河段，不宜过多压缩河床，应结合当地治理规划，辅以调治工程。

7.3.8 山前区河流桥孔布设应符合下列规定：

1　在山前变迁河段，在辅以适当的调治构造物的基础上，可较大地压缩河滩。桥轴线应与河岸线或洪水总趋势正交。河滩路堤不宜设置小桥和涵洞。当采用一河多桥方案时，应堵截临近主河槽的支汊。

2　在冲积漫流河段，桥孔宜在河流上游狭窄或下游收缩段跨越。在河床宽阔、水流有明显分支处跨越时，可采用一河多桥方案，并应在各桥间采用相应的分流和防护措施。桥下净空应考虑河床淤积影响。

7.4　桥面设计高程

7.4.1　不通航河流的桥面设计高程应按下列规定计算：

1　按设计水位计算桥面最低高程时，应按下式计算：

$$H_{min} = H_S + \sum\Delta h + \Delta h_j + \Delta h_0 \tag{7.4.1-1}$$

式中：H_{min}——桥面最低高程（m）；

H_S——设计水位（m）；

$\sum\Delta h$——考虑壅水、浪高、波浪壅高、河湾超高、水拱、局部股流壅高（水拱与局部股流壅高只取其大者）、床面淤高、漂流物高度等诸因素的总和（m）；

Δh_j——桥下净空安全值（m），应符合表7.4.1的规定；

Δh_0——桥梁上部构造建筑高度（m），应包括桥面铺装高度。

2　按设计最高流冰水位计算桥面最低高程时，应按下式计算：

$$H_{min} = H_{SB} + \Delta h_j + \Delta h_0 \tag{7.4.1-2}$$

式中：H_{SB}——设计最高流冰水位（m），应考虑床面淤高。

表7.4.1　不通航河流桥下净空安全值 Δh_j

桥梁部位	按设计水位计算的桥下净空安全值（m）	按最高流冰水位计算的桥下净空安全值（m）
梁底	0.50	0.75
支座垫石顶面	0.25	0.5
拱脚	0.25	0.25

注：1. 无铰拱的拱脚，可被洪水淹没，淹没高度不宜超过拱圈矢高的三分之二；拱顶底面至设计水位的净高不应小于1m。

2. 山区河流水位变化大，桥下净空安全值可适当加大。

3　桥面设计高程不应低于式（7.4.1-1）和式（7.4.1-2）的计算值。

（1）壅水高度和壅水曲线长度的计算公式较多，本规范未列。本次修订笔者认为较好的公式列出如下：

①桥前最大壅水高度。

可按下式计算：

$$\Delta Z = \frac{K_y K_N}{2g}(v_M^2 - v_{OM}^2) \tag{7-1}$$

$$K_y = \frac{0.5}{\frac{v_M}{\sqrt{g}} - 0.1} \tag{7-2}$$

$$K_N = \frac{2}{\sqrt{\frac{v_M}{v_{OM}} - 1}} \tag{7-3}$$

$$v_M = \frac{v'_M}{1 + 0.5 d_{50}^{-0.25}\left(\frac{v'_M}{v_C} - 1\right)} \tag{7-4}$$

式中：ΔZ——桥前最大壅水高度（m）；

K_y——修正系数，当桥下河床为岩石或有铺砌时，取 1.0；

K_N——定床壅水系数；

v_M——考虑冲刷影响后的桥下平均流速（m/s），当桥下河床为岩石或有铺砌时，即为 v'_M；

v_{OM}——天然状态下桥下平均流速（m/s）；

v'_M——未考虑冲刷影响的桥下平均流速（m/s），为设计流量除以桥下净过水面积；

v_C——河槽平均流速（m/s）；

d_{50}——按质量计，粒径小于它的颗粒占 50%（mm）；对黏性土河床，可按表 7-1 换算。

表 7-1　黏性土换算粒径 d_{50}

天然孔隙比 e	>1.2	1.2～0.6	0.6～0.3	0.3～0.2
换算粒径 d_{50}（mm）	0.15	3	10	50

②壅水曲线长度。

壅水曲线长度的精确计算应按水力学渐变流水面曲线计算方法进行。一般桥梁的壅水曲线长度可按下式估算：

$$L_y = \frac{2\Delta Z}{I} \tag{7-5}$$

式中：ΔZ——桥前最大壅水高度（m）；

L_y——壅水曲线长度（m），由最大壅水断面至上游壅水终点的距离；

I——水面比降（以小数计）。

③桥下壅水高度。

桥下壅水高度一般可取用最大壅水高度的一半。当河床坚实不易冲刷时，可取用桥前最大壅水高度值；当河床松软易于冲刷时，桥下壅水高度可以不计。

④对壅水控制设计的重要桥梁，壅水高度和壅水曲线宜由水力模型试验确定。

（2）波浪高度。在潮汐河段、水库、湖泊或设计洪水持续时间较长的河流上，应考虑浪高。浪高可按相关标准规范或手册计算，如计算值小于现场调查值，宜采用调查值。推求桥面高程时，采用浪高的三分之二计入。

（3）水拱，局部股流壅高，墩前水流冲高和河床淤积高度，可通过实地调查确定。河槽中墩前水流冲击高度 Δh_1 可按下式确定：

$$\Delta h_1 = \frac{1}{2}\left(h_1^2 + 16h_1\frac{v_1^2}{2g}\right)^{0.5} - 1.5h_1 \tag{7-6}$$

或

$$\Delta h_1 = 0.21v_1^{1.34} \tag{7-7}$$

式中：Δh_1——墩前水流冲击高度（m）；

h_1——桥墩上游河槽天然水深（m）；

v_1——桥墩上游天然垂线平均流速（m/s）。

（4）河湾水面超高按下式计算，如滩地有密草、丛林或死水区时，应扣除该水域计算$\bar{v}$、B、R_w 值。

$$\Delta h_w = \frac{\bar{v}^2 B}{2gR_w} \tag{7-8}$$

式中：Δh_w——凹岸水位增高值或凸岸水位降低值（m）；

$\bar{v}$——断面平均流速（m/s）；

B——设计水位时的水面宽度（m）；

R_w——河湾凹、凸岸曲率半径的平均值（m）。

7.4.2 通航河流的桥面设计高程除应满足不通航河流的要求外，尚应符合下式要求：

$$H_{min} = H_{tn} + H_M + \Delta h_0 \tag{7.4.2}$$

式中：H_{tn}——设计最高通航水位（m）；

H_M——通航净空高度（m）。

通航河流的设计最高通航水位、桥下净空等按现行《内河通航标准》(GB 50139）规定执行。

通航海轮的设计最高通航水位、通航净空、航道宽度等按现行的《通航海轮桥梁通航标准》、《港口工程技术规范》等执行。

（1）通航河流桥下净空尺度（图 7-1）应按所通过的最大船舶（队）的高度和航行技术要求确定，但不得小于表 7-2 和表 7-3 的规定。

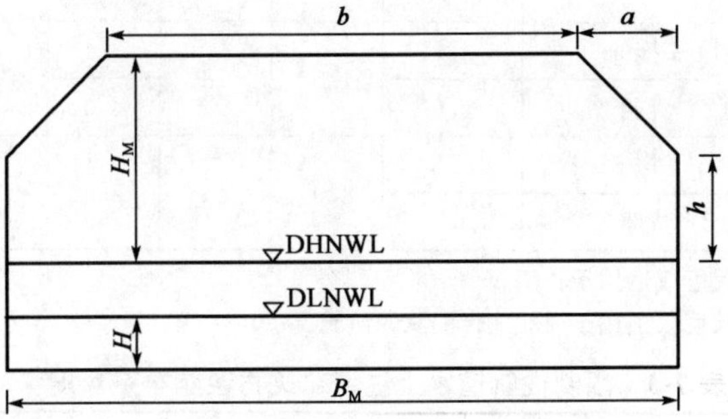

图 7-1 通航净空

注：B_M-水上过河建筑物通航净宽，指设计最低通航水位时桥墩之间的净距；H_M-水上过河建筑物通航净高，从设计最高通航水位起算；H-航道水深；b-上底宽；a-斜边水平距离；h-侧高；DHNWL-设计最高通航水位；DLNWL-设计最低通航水位。

表 7-2 天然和渠化河流水上过河建筑物通航净空尺度（m）

航道等级	代表船舶、船队	净高	单向通航孔			双向通航孔		
			净宽	上底宽	侧高	净宽	上底宽	侧高
一	(1) 4排4列	24.0	200	150	7.0	400	350	7.0
	(2) 3排3列	18.0	160	120	7.0	320	280	7.0
	(3) 2排2列		110	82	8.0	220	192	8.0
二	(1) 3排3列	18.0	145	108	6.0	290	253	6.0
	(2) 2排2列		105	78	8.0	210	183	8.0
	(3) 2排1列	10.0	75	56	6.0	150	131	6.0
三	(1) 3排2列	18.0☆ 10.0	100	75	6.0	200	175	6.0
	(2) 2排2列	10.0	75	56	6.0	150	131	6.0
	(3) 2排1列		55	41	6.0	110	96	6.0
四	(1) 3排2列	8.0	75	61	4.0	150	136	4.0
	(2) 2排2列		60	49	4.0	120	109	4.0
	(3) 2排1列		45	36	5.0	90	81	5.0
	(4) 货船							
五	(1) 2排2列	8.0	55	44	4.5	110	99	4.5
	(2) 2排1列	8.0或	40	32	5.5或	80	72	5.5或
	(3) 货船	5.0▲			3.5▲			3.5▲
六	(1) 1拖5	4.5	25	18	3.4	40	33	3.4
	(2) 货船	6.0			4.0			4.0
七	(1) 1拖5	3.5	20	15	2.8	32	27	2.8
	(2) 货船	4.5						

注：1. 脚注☆的尺度仅适用于长江。

2. 脚注▲的尺度仅适用于通航拖带船队的河流。

表 7-3 限制性航道水上过河建筑物通航净空尺度（m）

航道等级	代表船舶、船队	净高	双向通航孔		
			净 宽	上底宽	侧 高
二	(1) 2排1列	10.0	70	52	6.0
三	(1) 2排1列	10.0	60	45	6.0
四	(1) 2排1列	8.0	55	45	4.0
	(2) 货船				

续上表

航道等级	代表船舶、船队	净高	双向通航孔		
			净　宽	上底宽	侧　高
五	(1) 1拖6	5.0	45	36	3.5
	(2) 2排1列	8.0			5.0
	(3) 货船				
六	(1) 1拖11	4.5	22	16	3.4
	(2) 货船	6.0	30	22	3.6
七	(1) 1拖11	3.5	18	13	2.8
	(2) 货船	4.5	25	18	2.8

注：三级及三级以上的航道，通航净宽应根据船舶通航要求研究确定。

(2) 设计最高通航水位。

天然河流的设计最高通航水位采用表7-4规定的各级洪水重现期的水位。对通航的灌溉渠道、排涝渠道、排洪渠道、引水渠道、运河和河网航道、通航的水利枢纽上、下游和渠化河流的设计最高通航水位，按《内河通航标准》采用。

表7-4　天然河流设计最高通航水位标准

航 道 等 级	一、二、三	四、五	六、七
洪水重现期（年）	20	10	5

注：对出现高于设计最高通航水位历时很短的山区河流，三级航道的洪水重现期可采用10年；四、五级航道可采用5～3年；六、七级航道可采用3～2年。

(3) 设计最低通航水位。

天然河流的设计最低通航水位，应符合表7-5规定的年保证率和重现期；综合利用的排灌、引水渠道，运河及河网航道，水利枢纽上、下游以及渠化河流的设计最低通航水位，应符合《内河通航标准》(GB 50139) 的有关规定。

表7-5　天然河流设计最低通航水位年保证率和重现期

航 道 等 级	年 保 证 率（%）	重 现 期（年）
一、二	99～98	10～5
三、四	98～95	5～4
五～七	95～90	4～2

注：本表所列年保证率为统计年限中各年内高于和等于某一水位的天数占全年天数的百分比。用各年该保证率的水位进行频率计算，按表列重现期确定设计最低通航水位。对封冻河流的通航期，应以全年总天数减去因冰冻的停航天数计算。

(4) 国防要求或有漂浮物的航道，其通航标准可与有关部门协商确定。

8 墩台冲刷计算及基础埋深

8.1 一般规定

8.1.1 墩台冲刷应包括河床自然演变冲刷、一般冲刷和局部冲刷三部分；墩台冲刷计算应作为确定基础埋深的设计依据。

桥梁墩台冲刷，除河床自然演变冲刷外，还有桥孔压缩水流和墩台阻水所引起的冲刷变形。桥长、壅水和桥下冲刷是相互影响的整体。目前我国尚未掌握三者整体水力模型试验和实桥观测资料，难以制定整体水力计算方法，只能将这复杂的冲刷过程给出特定条件，分解为河床自然演变冲刷、桥下一般冲刷和墩台冲刷三个独立部分，并假定这三部分冲刷先后进行，可以分别计算，然后叠加，作为桥梁墩台的最大冲刷深度，据此确定墩台基础埋置深度。

8.1.2 墩台冲刷的分析计算应根据地区特点、河段特性、水文与泥沙特征、河床地质等情况采用本规范相应的方法和公式，必要时可选用其他公式或利用实测、调查资料验证，分析论证后选用合理的计算成果。

我国领土广阔，地区差异较大，河流属性不同，降水成因不一，水文与泥沙特征相差悬殊，有的省（区、市）结合本地实际，研究制定了桥下一般冲刷和局部冲刷计算式，经实践检验是行之有效的。考虑到这种情况，本条规定，必要时亦可采用其他公式验算，但应经分析论证后选用合理的计算成果。

将原规范的“墩台冲刷深度应……”改为“墩台冲刷的分析计算，应……”，因为其中的一般冲刷公式计算的是冲刷后水深，包含但不是冲刷深度，以往使用中常被混淆。

8.1.3 水文、泥沙条件复杂或墩形系数难以确定的特殊桥梁，冲刷深度可通过水工模型试验确定。

8.1.4 改扩建工程的桥梁，墩台冲刷应考虑与既有桥梁在水流流向、流速以及冲刷等方面相互干扰的不利影响。

随着交通的发展，改扩建工程越来越多，其桥梁墩台的冲刷需考虑与既有工程相互影响后的水流、河道等情况，重点考虑流向、流速、泥沙、过流断面、水深等的变化。扩孔桥还要根据河势考虑扩孔侧河岸横向冲刷问题。

8.2 河床自然演变冲刷

8.2.1 可通过调查或利用各年河床断面、河段地形图、洪水、泥沙等资料，分析河床逐年自然下切程度，估算桥梁使用年限内河床自然下切的深度。也可按本规范附录B选用一维河床冲淤数学模型估算，并进行比较和核对。

河床自然演变冲刷与河道的洪水、泥沙等条件关系密切，具有缓慢和长时间性质，短期资料有时不能反映其变化。目前一维河床冲淤数学模型发展较为成熟，可用以估计较长时期的自然冲刷深度，作为调查、勘测资料分析的补充。本次修订将一维河床冲淤数学模型列入本规范附录B。

8.2.2 河槽横向变动引起的自然演变冲刷，宜在桥位河段内选用对计算冲刷不利的断面作为计算断面。

8.2.3 弯道的凹岸河床最大自然下切后的最低高程 Z_w 可按下列公式计算：

$$Z_w = Z_d - (1+\xi)(Z_d - Z_b) \tag{8.2.3-1}$$

$$\xi = 2.07 - \lg\left(\frac{r_c}{B} - 2\right), 2 < \frac{r_c}{B} < 22 \tag{8.2.3-2}$$

式中：Z_d——设计水位（m）；

ξ——弯道形状系数；

Z_b——设计流量下形成的平均河床高程（m）；

r_c——弯顶处曲率半径（m）；

B——天然河宽（m）。

弯道凹岸河床下切，是一种较剧烈的河床自然演变类型。关于河床下切后的高程，本次修订推荐了英国《桥梁及其他水下结构冲刷手册》中的估算方法。该方法经试验室和天然资料验证，在水深小于17m，河床泥沙粒径为0.3～63mm时，其误差范围为±25％。

8.2.4 既有涉河工程引起的河床变形，可通过已有分析资料、动床模型试验成果预测，或采用相应公式计算确定。

8.3 桥下一般冲刷计算

8.3.1 非黏性土河床的一般冲刷，应分河槽、河滩按下列公式计算：

1 河槽部分

1）64-2简化式

$$h_p = 1.04\left(A_d \frac{Q_2}{Q_c}\right)^{0.90}\left[\frac{B_c}{(1-\lambda)\mu B_{cg}}\right]^{0.66} h_{cm} \quad (8.3.1\text{-}1)$$

$$Q_2 = \frac{Q_c}{Q_c + Q_{t1}} Q_p \quad (8.3.1\text{-}2)$$

$$A_d = \left(\frac{\sqrt{B_z}}{H_z}\right)^{0.15} \quad (8.3.1\text{-}3)$$

式中：h_p——桥下一般冲刷后的最大水深（m）；

Q_p——设计流量（m^3/s）；

Q_2——桥下河槽部分通过的设计流量（m^3/s），当河槽能扩宽至全桥时取用 Q_p；

Q_c——天然状态下河槽部分设计流量（m^3/s）；

Q_{t1}——天然状态下桥下河滩部分设计流量（m^3/s）；

B_c——天然状态下河槽宽度（m）；

B_{cg}——桥长范围内河槽宽度（m），当河槽能扩宽至全桥时取用桥孔总长度；

B_z——造床流量下的河槽宽度（m），对复式河床可取平滩水位时河槽宽度；

λ——设计水位下，在 B_{cg} 宽度范围内，桥墩阻水总面积与过水面积的比值；

μ——桥墩水流侧向压缩系数，按表 8.3.1-1 确定；

h_{cm}——河槽最大水深（m）；

A_d——单宽流量集中系数，山前变迁、游荡、宽滩河段当 $A_d>1.8$ 时，A_d值可采用 1.8；

H_z——造床流量下的河槽平均水深（m），对复式河床可取平滩水位时河槽平均水深。

表 8.3.1-1　桥墩水流侧向压缩系数 μ 值

设计流速 v_s（m/s）	单孔净跨径 L_0（m）								
	≤10	13	16	20	25	30	35	40	45
<1	1.00	1.00	1.00	1.00	1.00	1.00	1.00	1.00	1.00
1.0	0.96	0.97	0.98	0.99	0.99	0.99	0.99	0.99	0.99
1.5	0.96	0.96	0.97	0.97	0.98	0.98	0.98	0.99	0.99
2.0	0.93	0.94	0.95	0.97	0.97	0.98	0.98	0.98	0.98
2.5	0.90	0.93	0.94	0.96	0.96	0.97	0.97	0.98	0.98
3.0	0.89	0.91	0.93	0.95	0.96	0.96	0.97	0.97	0.98
3.5	0.87	0.90	0.92	0.94	0.95	0.96	0.96	0.97	0.97
≥4.0	0.85	0.88	0.91	0.93	0.94	0.95	0.96	0.96	0.97

注：1. 系数 μ 是指墩台侧面因旋涡形成滞留区而减少过水面积的折减系数。

2. 当单孔净跨径 $L_0>45$m 时，可按 $\mu=1-0.375\frac{v_s}{L_0}$ 计算。对不等跨的桥孔，可采用各孔 μ 值的平均值。单孔净跨径 $L_0>200$m 时，取 $\mu\approx1.0$。

2) 64-1 修正式

$$h_p=\left[\frac{A_d\dfrac{Q_2}{\mu B_{cj}}\left(\dfrac{h_{cm}}{h_{cq}}\right)^{\frac{5}{3}}}{E\bar{d}^{\frac{1}{6}}}\right]^{\frac{3}{5}} \tag{8.3.1-4}$$

式中：B_{cj}——河槽部分桥孔过水净宽（m），当桥下河槽能扩宽至全桥时，即为全桥桥孔过水净宽；

h_{cq}——桥下河槽平均水深（m）；

$\bar{d}$——河槽泥沙平均粒径（mm）；

E——与汛期含沙量有关的系数，可按表 8.3.1-2 选用。

表 8.3.1-2　与汛期含沙量有关的系数 E 值

含沙量 ρ（kg/m³）	<1.0	1～10	>10
E	0.46	0.66	0.86

注：含沙量 ρ 采用历年汛期月最大含沙量平均值。

3）可选用附录 B 一维河床冲淤数学模型，通过数值方法估计桥下一般冲刷。

2　河滩部分

$$h_p = \left[\frac{\frac{Q_1}{\mu B_{tj}}\left(\frac{h_{tm}}{h_{tq}}\right)^{\frac{5}{3}}}{v_{H1}}\right]^{\frac{5}{6}} \tag{8.3.1-5}$$

$$Q_1 = \frac{Q_{t1}}{Q_C + Q_{t1}} Q_p \tag{8.3.1-6}$$

式中：Q_1——桥下河滩部分通过的设计流量（m³/s）；

h_{tm}——桥下河滩最大水深（m）；

h_{tq}——桥下河滩平均水深（m）；

B_{tj}——河滩部分桥孔净长（m）；

v_{H1}——河滩水深 1m 时非黏性土不冲刷流速（m/s），可按表 8.3.1-3 选用。

表 8.3.1-3　水深 1m 时非黏性土不冲刷流速

河床泥沙		$\bar{d}$（mm）	v_{H1}（m/s）	河床泥沙		$\bar{d}$（mm）	v_{H1}（m/s）
沙	细	0.05～0.25	0.35～0.32	卵石	小	20～40	1.50～2.00
	中	0.25～0.50	0.32～0.40		中	40～60	2.00～2.30
	粗	0.50～2.00	0.40～0.60		大	60～200	2.30～3.60
圆砾	小	2.00～5.00	0.60～0.90	漂石	小	200～400	3.60～4.70
	中	5.00～10.00	0.90～1.20		中	400～800	4.70～6.00
	大	10～20	1.20～1.50		大	>800	>6.00

河上建桥后，由于桥梁压缩水流，致使桥孔上游水流急剧集中流入桥孔，桥下流速梯度很大，床面切应力剧增，引起强烈的泥沙运动，床面发生明显冲刷。随着冲刷的发展，桥下河床加深，桥下过水面积加大，流速逐渐下降，待达到新的输沙平衡状态，或桥下流速降低到等于冲止流速时冲刷即停止。桥下河槽的一般冲刷，是指建桥后压缩水流而在桥下河床断面内发生的冲刷。一般冲刷深度系

指桥下河床在一般冲刷完成后从设计水位算起的某一垂线水深。

一般冲刷计算公式近些年没有可靠的改进成果，且问卷调查结果反映原规范推荐的公式基本被认可，故本规范仍沿用。

第 1 款，64-2 计算式是 1964 年中国土木工程学会“桥梁冲刷计算学术会议”推荐的桥下一般冲刷计算公式之一。它是根据我国桥梁实测洪水冲刷观测资料，参照国外同类公式，依据桥下河槽输沙平衡原理建立的，具有坚实的理论和实践基础，比较符合我国河流桥下一般冲刷的实际情况。

当桥梁上游天然断面来沙量 G_1 大于桥下冲刷区排出沙量 G_2 时，床面则淤积；来沙量小于排沙量时，床面则冲刷；来沙量与排沙量相等时，冲刷即停止。桥下河槽冲刷主要是推移质运动产生的，因而通过桥下河槽断面推移质输沙量的平衡条件，可导出 64-2 一般冲刷计算公式。

64-2 计算式推荐试用多年来，未见对它的计算原理和计算精度方面发表存在问题的意见。但是，该式综合系数 K、m_1 计算较繁，使该式多年来较少应用。

为便于生产上应用，在修订原《公路桥位勘测设计规程》（JTJ 062—82）时委托西安公路学院（现为长安大学）对 64－2 计算式予以简化。西安公路学院 1989 年 5 月提出 64-2 简化式，将变系数、变指数简化为定指数、定系数，验证结果与甘城道提出的 64-2 计算式相比，其精度相当，但简化式计算简便。在简化验证时，仅验证 30 座实桥观测资料，还有 10 多座实桥观测资料在 1964 年会议中被评定为制定公式的骨干资料，未收纳验证。

64-1 计算式是 1964 年中国土木工程学会“桥梁冲刷计算学术会议”推荐的桥下一般冲刷另一计算公式。它是根据我国各类河段 52 座桥梁 118 站年实测洪水冲刷资料，参照国外同类公式，根据水力学的连续性原理，当一般冲刷停止时，桥下最大垂线水深与桥下断面最大单宽流量之间关系，依据冲止流速的概念建立的一般冲刷计算公式。经过多年的使用，尚能满足生产需要。位于比降小、粒径细的深水河段，有时计算成果出现负值。《公路桥位勘测设计规范》（JTJ 062—91）对 64-1 计算式作了局部修正，改为 64-1 修正式。

64-2 简化式、64-1 修正式，即本规范式（8.3.1-1）、式（8.3.1-4），适用于有底沙运动的非黏性河槽，使用该两式时应注意。

本次修订引入一维河床冲淤数学模型。该模型经过北京交通大学 2007～2009 年承担铁道部重点研究计划项目时用铁路实桥资料进行验证，较为成熟。只要边界条件、计算参数及补充方程选用适当，可用于河槽一般冲刷计算。

第 2 款，公式（8.3.1-5）系河滩部分一般冲刷计算公式。建在河滩上的部分桥孔，经调查桥下河滩确无改变为河槽的可能时，应按河滩冲刷公式计算桥下冲刷。河滩冲刷的特点是：桥下冲刷没有推移质补给；没有单宽流量再分配现象或这种现象甚小；冲止流速应等于土壤允许不冲刷流速。式中，v_{H1} 为水深 1m 时的不冲刷流速。表 8.3.1-3 中所列不冲刷流速值系按沙玉清提出的不冲刷流速公式制定的。

8.3.2 黏性土河床的一般冲刷，应分河槽、河滩按下列公式计算：

1 河槽部分

$$h_p = \left[\frac{A_d \dfrac{Q_2}{\mu B_{cj}} \left(\dfrac{h_{cm}}{h_{cq}}\right)^{\frac{5}{3}}}{0.33\left(\dfrac{1}{I_L}\right)}\right]^{\frac{5}{8}} \tag{8.3.2-1}$$

式中：A_d——单宽流量集中系数，取 1.0～1.2；

I_L——冲刷坑范围内黏性土液性指数，适用范围为 0.16～1.19。

2 河滩部分

$$h_p = \left[\frac{A_d \dfrac{Q_2}{\mu B_{tj}} \left(\dfrac{h_{tm}}{h_{tq}}\right)^{\frac{5}{3}}}{0.33\left(\dfrac{1}{I_L}\right)}\right]^{\frac{6}{7}} \tag{8.3.2-2}$$

黏性土河床按式（8.3.2-1）计算桥下一般冲刷。黏性土河床冲刷计算，过去系按当量换算粒径办法计算冲刷深度，即将黏性土按容许（不冲刷）平均流速相等的条件转换成非黏性土粒径再进行冲刷计算。

20 世纪 80 年代后，铁路部门曾对黏性土河床的桥墩冲刷做过试验和实桥调查，冲刷机理和现象未能总结出来，但对一般冲刷和局部冲刷建立了与黏性土力学性能液性指数 I_L 有关的冲止流速公式，不再用“当量转换粒径”方法计算冲刷深度。

本条黏性土河床的一般冲刷主要根据原铁道部《黏土桥渡冲刷天然资料分析

报告》编写，可供生产单位试用。

8.3.3 一般冲刷后墩前行近流速宜按下列公式计算：

1 当采用本规范式（8.3.1-1）计算一般冲刷时：

$$v=\frac{A_{d}^{0.1}}{1.04}\left(\frac{Q_{2}}{Q_{c}}\right)^{0.1}\left[\frac{B_{c}}{\mu(1-\lambda)B_{cg}}\right]^{0.34}\left(\frac{h_{cm}}{h_{c}}\right)^{\frac{2}{3}}v_{c} \tag{8.3.3-1}$$

式中：v——一般冲刷后墩前行近流速（m/s）；

v_c——河槽平均流速（m/s）；

h_c——河槽平均水深（m）。

2 当采用本规范式（8.3.1-4）计算一般冲刷时：

$$v=E\bar{d}^{\frac{1}{6}}h_{p}^{\frac{2}{3}} \tag{8.3.3-2}$$

3 当采用本规范式（8.3.1-5）计算一般冲刷时：

$$v=v_{H1}h_{p}^{\frac{1}{\beta}} \tag{8.3.3-3}$$

4 当采用本规范式（8.3.2-1）计算一般冲刷时：

$$v=\frac{0.33}{I_{L}}h_{p}^{\frac{3}{5}} \tag{8.3.3-4}$$

5 当采用本规范式（8.3.2-2）计算一般冲刷时：

$$v=\frac{0.33}{I_{L}}h_{p}^{\frac{1}{6}} \tag{8.3.3-5}$$

本条适用于本规范第8.4节墩台局部冲刷计算，其墩前行近流速系指相应的一般冲刷公式计算的垂线平均流速。

8.4 墩台局部冲刷计算

8.4.1 非黏性土河床桥墩局部冲刷，可按下列公式计算：

1 65-2式

当 $v\leqslant v_0$ 时

$$h_{b}=K_{\xi}K_{\eta2}B_{1}^{0.6}h_{p}^{0.15}\left(\frac{v-v_{0}'}{v_{0}}\right) \tag{8.4.1-1}$$

当 $v>v_0$ 时

$$h_b = K_\xi K_{\eta 2} B_1^{0.6} h_p^{0.15} \left(\frac{v - v_0'}{v_0}\right)^{n_2} \tag{8.4.1-2}$$

$$K_{\eta 2} = \frac{0.0023}{\bar{d}^{2.2}} + 0.375\bar{d}^{0.24} \tag{8.4.1-3}$$

$$v_0 = 0.28\ (\bar{d} + 0.7)^{0.5} \tag{8.4.1-4}$$

$$v_0' = 0.12\ (\bar{d} + 0.5)^{0.55} \tag{8.4.1-5}$$

$$n_2 = \left(\frac{v_0}{v}\right)^{0.23 + 0.19\lg\bar{d}} \tag{8.4.1-6}$$

式中：h_b——桥墩局部冲刷深度（m）；

K_ξ——墩形系数，可按本规范附录C选用；

B_1——桥墩计算宽度（m）；

$\bar{d}$——河床泥沙平均粒径（mm）；

$K_{\eta 2}$——河床颗粒影响系数；

v——一般冲刷后墩前行近流速（m/s），可按本规范第8.3.3条规定计算；

v_0——河床泥沙起动流速（m/s）；

v_0'——墩前泥沙始冲流速（m/s）；

n_2——指数。

2　65-1修正式

当 $v \leqslant v_0$ 时

$$h_b = K_\xi K_{\eta 2} B_1^{0.6} (v - v_0') \tag{8.4.1-7}$$

当 $v > v_0$ 时

$$h_b = K_\xi K_{\eta 1} B_1^{0.6} (v - v_0') \left(\frac{v - v_0'}{v_0 - v_0'}\right)^{n_1} \tag{8.4.1-8}$$

$$v_0 = 0.0246\left(\frac{h_p}{\bar{d}}\right)^{0.14}\sqrt{332\bar{d} + \frac{10 + h_p}{\bar{d}^{0.72}}} \tag{8.4.1-9}$$

$$K_{\eta 1} = 0.8\left(\frac{1}{\bar{d}^{0.45}} + \frac{1}{\bar{d}^{0.15}}\right) \tag{8.4.1-10}$$

$$v_0' = 0.462\left(\frac{\bar{d}}{B_1}\right)^{0.06} v_0 \tag{8.4.1-11}$$

$$n_1=\left(\frac{v_0}{v}\right)^{0.25\overline{d}^{0.19}} \tag{8.4.1-12}$$

式中：$K_{\eta1}$——河床颗粒影响系数；

n_1——指数；

$\overline{d}$——河床泥沙平均粒径，适用范围为 0.1～500mm；

h_p——桥下一般冲刷后的最大水深，适用范围为 0.2～30m；

v——一般冲刷后墩前行近流速，适用范围为 0.1～6m/s；

B_1——桥墩计算宽度，适用范围为 0～11m。

冲刷坑的深度和大小，与很多因素有关，除墩前行近流速外，主要的还有桥墩宽度、墩形、水深、床沙粒径等。这些因素与冲刷深度之间关系十分复杂。1964 年我国公路、铁路部门根据我国各类河段 52 座桥梁 99 站年的实桥观测资料和模型试验资料，制定了 65-2、65-1 局部冲刷计算公式。生产实践表明：这两个公式结构较为合理，反映了冲刷深度随行近流速的变化关系，并考虑了底沙运动对冲刷深度的影响，计算数值较为稳定可靠。

在《公路桥位勘测设计规范》（JTJ 062—91）修订时，曾对 65-2 式作了修正；65-2 修正式形式简单，结构合理，但在墩前行近流速大于泥沙起动流速 v_0 后，局部冲刷深度计算值与实测值相比，偏于不安全状态，故改用原 65-2 式纳入本规范。

式（8.4.1-7）、式（8.4.1-8）系局部冲刷公式 65-1 的修正式。

桥墩局部冲刷公式仍沿用原规范，问卷调查结果也反映了两式可用，但对计算非黏性土局部冲刷深度的 65-1 修正式的适用范围作了补充。在本规范编写过程中，作者收集了大量国内、外试验室资料和野外资料，重点对原规范的 65-2 式和 65－1 修正式进行了合理性分析和验证，并与美国、新西兰公式进行了分析比较，两式计算结果与实测结果偏差在＋30％范围内，通过查找铁道部科学研究院原始研究成果，补充了 65-1 修正式中一些参数的适用范围。

8.4.2 黏性土河床桥墩局部冲刷，可按下列公式计算：

当 $\frac{h_p}{B_1}\geqslant 2.5$ 时

$$h_b = 0.83K_\xi B_1^{0.6} I_L^{1.25} v \quad (8.4.2\text{-}1)$$

当$\dfrac{h_p}{B_1} \geqslant 2.5$时

$$h_b = 0.55K_\xi B_1^{0.6} h_p^{0.1} I_L^{1.0} v \quad (8.4.2\text{-}2)$$

式中：I_L——冲刷坑范围内黏性土液性指数，适用范围为0.16～1.48。

本条黏性土河床桥墩局部冲刷计算公式，主要依据原铁道部《黏土桥渡冲刷天然资料分析报告》编写，可供生产单位试用。

8.4.3 桥台最大冲刷深度，应结合桥位河床特征、压缩程度等情况，分析、计算比较后确定。对于非黏性土河床桥台局部冲刷深度，可分河槽、河滩按下列公式分析计算：

1 桥台位于河槽时

当$\dfrac{h_p}{d} \leqslant 500$时

$$h_b = 1.17k_\varepsilon k_\alpha h_p \left(\frac{l}{h_p}\right)^{0.6} \left(\frac{\bar{d}}{h_p}\right)^{-0.15} \left[\frac{(v - v_0')^2}{gh_p}\right]^{0.15} \quad (8.4.3\text{-}1)$$

当$\dfrac{h_p}{d} > 500$时

$$h_b = 1.17k_\varepsilon k_\alpha h_p \left(\frac{l}{h_p}\right)^{0.6} \left(\frac{\bar{d}}{h_p}\right)^{-0.10} \left[\frac{(v - v_0')^2}{gh_p}\right]^{0.15} \quad (8.4.3\text{-}2)$$

$$k_\alpha = \left(\frac{\alpha}{90}\right)^{0.2}, \alpha \leqslant 90° \quad (8.4.3\text{-}3)$$

式中：h_b——桥台局部冲刷深度（m）；

k_ε——台形系数，可按表8.4.3选用；

α——桥（台）轴线与水流夹角，桥轴线与水流垂直时，$\alpha = 90°$；

k_α——桥台与水流交角系数，α适用范围为0°～90°时，按式（8.4.3-3）计算；

l——垂直于水流流向的桥台和路堤长度，或称桥台和路堤阻挡过流的宽度（m），适用范围为$\dfrac{l}{h_p} = 0.16 \sim 8.80$；

h_p——桥下河槽部分一般冲刷后水深（m）；

$\overline{d}$——河槽泥沙平均粒径（m）；

v——一般冲刷后台前行近流速（m/s），可按本规范第 8.3.3 条规定计算；

v_0'——台前泥沙始冲流速（m/s），可按本规范式（8.4.1-9）和式（8.4.1-11）计算；

g——取用 9.80（m/s^2）。

表 8.4.3 台形系数 k_ε 值

桥台形式	k_ε	桥台形式	k_ε
埋置式直立桥台	0.39～0.42	埋置式肋板桥台	0.43～0.47
重力式U形桥台	0.92		

2 桥台位于河滩时，局部冲刷深度可按式（8.4.3-1）～式（8.4.3-3）计算，但其中水、沙变量均取河滩上的相应值。

桥台局部冲刷深度计算公式是本次修订新增内容。北京交通大学广泛调研了国内、外已发表的桥台冲刷计算公式，进行了深入的分析、计算和评估。在此基础上，根据冲刷原理的分析，认为还需要考虑必要的影响因素，包括泥沙性质、河槽形态的不同以及桥台形状的影响等。因而，采用多因素影响的量纲分析和在试验室进行的 218 组水槽试验，建立了桥台局部冲刷公式。

应当指出，河床断面几何形状非常复杂，可概化为两种：仅有河槽而无河滩的单式断面，和既有河槽又有河滩的复式断面。桥台布置与河床断面几何形式的相对关系也有多种。本条第 1 款的局部冲刷计算式针对桥台位于无河滩的单式断面或复式断面中的河槽部分，第 2 款仅针对桥台位于复式断面中的河滩。

然后，利用国外 50 多组试验资料，对桥台冲刷计算式（8.4.3-1）和式（8.4.3-2）进行了验证，也与其他公式的验证结果进行了偏差分析，如图 8-1～图 8-3 所示。由图可见，本公式吻合度最好。

式（8.4.3-1）、式（8.4.3-2）还用河北省交通规划设计院现场勘测的河北省内小饮马河桥和冯庄子桥实际冲刷资料进行了验证，表明该式较其他公式更接近实测值。同时针对不同的地域和水文情况，选择了唐河大桥、龙洋河大桥、磴口黄河大桥、宣大高速 K72＋447 桥、宣大高速 K104＋217 桥等 5 座实桥资料，利用国内外公开发表的 8 种桥台冲刷计算公式，进行了详细的计算、对比和验证。

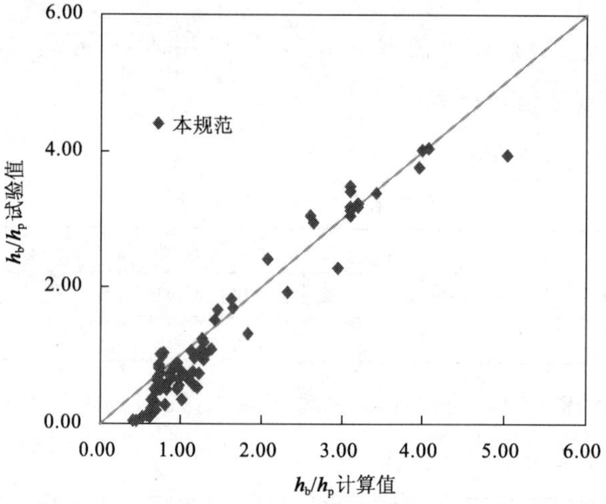

图 8-1　式（8.4.3—1）和式（8.4.3—2）计算结果的验证

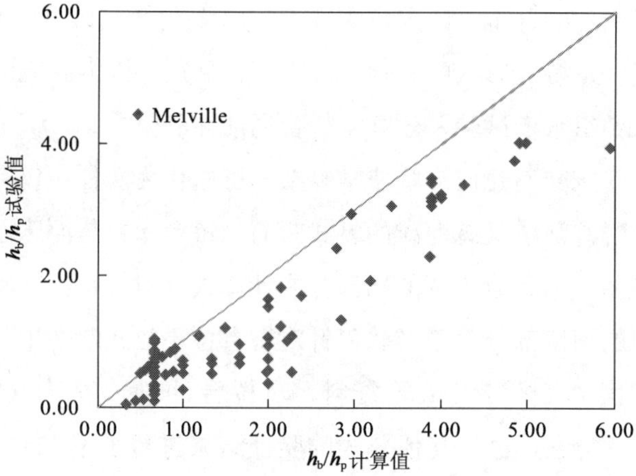

图 8-2　新西兰 Melville 公式计算结果的验证

结论：式（8.4.3-1）、式（8.4.3-2）适用于不同的地域和水文情况，考虑了各种影响桥台冲刷深度的因素，计算结果合理，且基本可靠。

公式中影响桥台冲刷的水流交角系数 k_α 由试验和数值模拟计算得到，桥台形状系数 k_ε 针对埋置式直立桥台、重力式 U 形桥台和埋置式肋板桥台通过试验获得，结果汇于表 8.4.3。

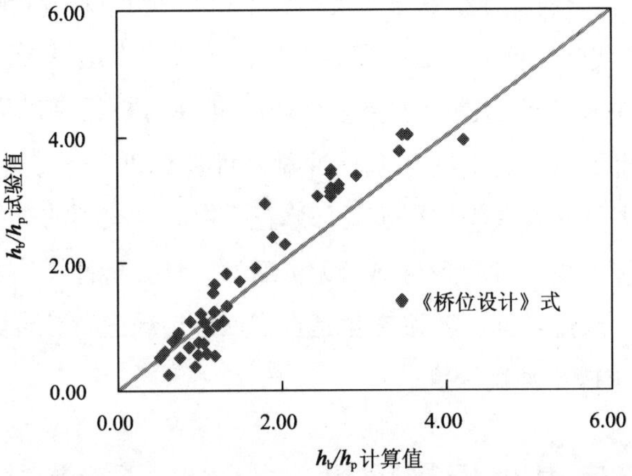

图 8-3 《桥位设计》公式计算结果的验证

为使用者方便，给出了非黏性土河床桥台局部冲刷计算实例，见本宣贯读本附件 3“磴口黄河大桥 0 号桥台局部冲刷算例”。

8.5 特殊情况的冲刷计算

8.5.1 对桥下由多层成分不同的土质组成的分层土河床，冲刷计算可采用逐层渐近法进行。

桥梁冲刷的研究虽然已有几十年的历史，但已往的工作及大量研究成果都偏重和局限于单层土结构的地质条件，对分层土的冲刷研究，所见众多的文献中，仅苏联 1972 年《铁路公路桥渡勘测设计规范》中提及分层土冲刷计算方法。在国内，由于工程实践的需要，有的按土层厚度采用加权平均粒径计算冲刷深度，也有的按单层粒径计算出各层冲刷深度，然后根据各层厚度分析确定应采用的合适冲刷数值。

当桥下河床由多层成分不同的土质组成时，其冲刷计算按本条规定的逐层渐近计算法进行计算，先计算一般冲刷，后计算局部冲刷，两者土层不相同，水深与流速也不相同，使用时要特别注意。逐层渐近计算法，是我国公路、铁路设计单位曾应用过的方法。

8.5.2 对岩石冲刷，可根据岩石类别按本规范附录D分析确定。

20世纪70年代初，铁路、公路等有关单位组成岩石地基桥墩冲刷调查组对30余座岩石地基的桥梁冲刷进行了调查，1974年在《桥梁基础岩石冲刷调查小结》的基础上提出了《岩石上桥梁基础冲刷及埋置深度参考数据表》。1984年，原参加调查组的人员又对该表进行了局部修正。由于收集到的资料缺乏冲刷处的流速数据及其冲刷的变化过程，目前尚无可靠的定量分析计算法。只能结合具体河段的河道性质、水流条件、冲淤变化是否剧烈等情况进行综合分析，然后参照本规范附录D确定墩台冲刷深度。

8.6 墩台基底最小埋置深度

8.6.1 在确定桥梁墩台基础埋置深度时，除应根据桥位河段具体情况，取河床自然演变冲刷、一般冲刷和局部冲刷的不利组合确定外，尚应符合现行《公路桥涵地基与基础设计规范》（JTG D63）的相关规定。

选择最不利的枯水断面作为桥下一般冲刷的计算断面。条文中所述的不利组合，系指一般冲刷计算的两种公式分别和局部冲刷计算的两种公式的四种组合，取其一种不利组合再与河床自然演变冲刷叠加，作为确定墩台基础埋深的依据。

8.6.2 非岩石河床墩台基底埋深安全值，可按表8.6.2确定。

表8.6.2 基底埋深安全值（m）

总冲刷深度（m）		0	5	10	15	20
安全值	大桥、中桥、小桥（不铺砌）	1.5	2.0	2.5	3.0	3.5
	特大桥	2.0	2.5	3.0	3.5	4.0

注：1. 总冲刷深度为自河床面算起的河床自然演变冲刷、一般冲刷与局部冲刷深度之和。
2. 表列数字为墩台基底埋入总冲刷深度以下的最小值。设计流量、水位和原始断面资料无十分把握或河床演变尚不能获得准确资料时，其值可适当加大。
3. 桥位上下游有已建桥梁或属旧桥改建时，应调查旧桥的特大洪水冲刷情况，新桥墩台基础埋置深度应在旧桥最大冲刷深度上酌加必要的安全值。

8.6.3 岩石河床墩台基底最小埋置深度，应考虑岩石的可能冲刷，根据岩石的坚硬程度，胶结物类别，风化程度，节理、裂隙、节理发育情况等，按本规范附录D分析确定。

桥下岩石河床的冲刷是一个非常复杂的问题，目前尚缺少系统的资料，还不能用公式计算，只能参照附录D确定基础埋深。鉴于水深大的墩台基础在维修和修复时比较困难，因此应给予较多的安全考虑，表中建议埋置深度按施工枯水季平均水位至岩面距离分为三级。此表是根据调查的实有冲刷深度分析拟定的。

8.6.4 位于河槽的桥台，当其最大冲刷深度小于桥墩总冲刷深度时，桥台基底的埋深应与桥墩基底高程相同；位于河滩的桥台，对河槽摆动的不稳定河流，桥台基底高程应与桥墩相同；对稳定河流，桥台基底高程可按桥台冲刷计算结果确定。

8.6.5 桥台锥坡基脚埋置深度应考虑冲刷的影响，当位于稳定、次稳定河段的河滩上，基脚底面应在一般冲刷线以下至少0.50m；当桥台位于不稳定河流的河滩上，基脚底面应在一般冲刷线以下至少1m。

过去桥台锥体护坡基脚埋深未考虑冲刷的影响，仅埋在地面线以下约0.60m，常被洪水冲毁，增加了养护的困难和养护经费的支出。本条规定护坡基脚埋深应考虑一般冲刷的影响，应根据河槽摆动情况和是否拓宽等酌情将基脚底面埋在一般冲刷线以下不少于0.5m或1.0m。如冲刷线较低，则可根据本地的实践经验采用柔性防护等措施。

9　小桥涵水文勘测设计

9.1　布设原则

9.1.1　应根据沿线地形、地质、水文等条件，结合全线排水系统，适应农田排灌，经济合理地布设小桥涵，达到本规范第1.0.8条规定设计洪水频率的排洪能力。

9.1.2　小桥涵位置应符合沿线线形布设要求，当不受线形布设限制时，宜将小桥涵位置选择在地形有利、地质条件良好、地基承载力较高、河床稳定的河（沟）段上。

9.1.3　在每个汇水区或每条排水河沟，都应设置小桥涵。当地形条件许可，技术、经济合理时，可并沟设置。

9.1.4　当小桥涵距下游汇入河道较近时，应考虑下游河道的设计水位及冲淤变化对桥涵净高和基础埋深的影响。

9.1.5　在山口冲积扇地区，应分散设置小桥涵，不宜改沟引至低洼处。两冲积扇间洼地应布设小桥涵。

9.1.6　在漫流无明显沟槽地带，宜采取分片泄洪，在主要水流处布设小桥涵，但不宜过分集中布设。

9.1.7　在农灌区应与农田排灌系统相配合。当需局部改变原有排灌系统时，不应降低原有排灌功能。

9.1.8　排灌渠上小桥涵的孔径，可按排灌渠的设计过水断面拟定。天然河沟上的小桥涵，可按河沟断面形态初拟孔径，按本规范第9.4节的规定进行孔径验算，所拟孔径不宜过多压缩设计洪水标准下河沟的天然排水面积，也不宜压缩河槽排水面积。

9.1.9 寒冷地区的小桥涵孔径及高度应考虑涎流冰的影响。

9.1.10 进出口布设应有利于水流的排泄，必要时可配合进出口设置引水或排水工程。

9.1.11 三级公路上的漫水小桥涵或过水路面在1/25洪水频率时，应满足车辆能安全通行，车辆通行的桥（路）面水深不应大于0.3m。四级公路上的漫水小桥涵或过水路面在1/25洪水频率时，可有限度中断交通，其中断时间可按具体情况决定。

9.2 水文调查与勘测

9.2.1 水文调查与勘测前应收集下列资料：

1 沿线地形图。

2 设计流量计算所需要的资料，包括多年平均年降雨量、与设计洪水频率对应的24h降雨量及雨力等。

3 地区性洪水计算方法、历史洪水资料、各河沟已有洪水计算成果。

4 既有排灌系统及规划方案图，各排灌渠的设计断面、流量、水位等。

第1款，收集沿线1：10 000～1：50 000地形图，其具体比例及精度，以能获得各河沟汇水区面积及主河沟平均纵坡度等资料为原则。

第2款，设计流量计算所需资料收集时，应注意收集所需频率的年洪峰流量及相应的水位、含沙量等资料。

9.2.2 水文调查与勘测应包括下列内容：

1 各汇水区内土壤类别、植被情况、蓄水工程分布及现状。

2 根据河沟两岸土壤类别、河床质，选定河床糙率。

3 当桥（涵）位处于村庄附近时，应调查历史洪水位、常水位、河床冲淤及漂流物等情况。

4　既有桥涵的现状、结构类型、基础埋深、冲刷变化及运用情况等。在北方寒冷地区尚应调查涎流冰发生情况。

5　施测河沟比降。施测范围应以能求得桥（涵）区段河沟的坡度为准。平原区为水文断面上游不少于200m，下游不少于100m。山区为水文断面上游不少于100m，下游不少于50m。

6　布测水文断面。当路线与河沟斜交时，应在桥（涵）位附近布测水文断面；当历史洪水位距桥（涵）位比较远，河沟断面有较大变化时，在历史洪水位附近，亦应布测水文断面。测量范围以满足水位、流量计算为准。

9.3　水文计算

9.3.1　山区、丘陵区小流域设计流量，可按本规范第6.4.2条的规定或地区性流量经验公式计算。应采用多种方法互相比较和核对，综合分析采用合理的计算结果。

我国小流域很多，一般无实测径流资料，且雨量资料也较短缺，因此，小流域的设计洪水一般采用推理公式或地区经验公式。这些公式都是以暴雨公式推求设计暴雨，并以洪水形成原理为基础，在一定概化条件下建立起来的。推理公式是缺乏资料的小流域计算设计洪水时常采用的方法，但符合地区特点、形式简单、便于生产上使用的改进型推理公式亦可使用。同理，经验公式是在缺乏洪水资料时常用的一种简易方法，按其地区特点分别编制地区的洪水经验公式，亦可使用。由于推理公式和地区经验公式推求设计洪水的方法和公式很多，且地区性很强，为此，在条文中不再一一列出。

9.3.2　平原区小流域设计流量，宜采用地区性流量经验公式或按本规范第6.3节的方法计算。当历史洪水位只能调查到一次时，其重现期的确定应符合地区历史洪水的情况。

9.3.3　在同一水文分区内，如有相似汇水区或同一汇水区中有较可靠的设计流量成果，或有洪水资料能较可靠地求得设计流量时，可按本规范式（6.2.2）推求桥（涵）位处的设计流量。

按本规范式（6.2.2）推求桥涵位处的设计流量时，Q_1、F_1——桥（涵）位处的设计流量（m^3/s）、汇水面积（km^2）；Q_2、F_2——相似汇水区的设计流量（m^3/s）、汇水面积（km^2）。

9.3.4 凡能调查到历史洪水位的河沟，都应对各种公式推算的设计流量，用历史洪水流量进行验证。

9.3.5 与设计流量对应的设计水位，可采用本规范式（6.3.1-1），用试算法或点绘水位—流量关系线求得。

9.4 孔径设计

9.4.1 小桥涵孔径设计必须保证设计洪水、漂流物等的安全通过，满足排灌需要，避免对上、下游农田房舍的不利影响，并考虑工程造价的经济合理。

9.4.2 小桥宜设计为非自由出流状态，涵洞应设计为无压力式。桥下净空安全值应符合本规范表7.4.1的规定。无压力式涵洞内顶点至最高流水面的净空，应符合表9.4.2的规定。涵前水深应小于或等于涵洞净高的1.15倍。

表9.4.2 无压力式涵洞净空高度

涵洞进口净高 h_d（m）	涵洞类型		
	管涵	拱涵	矩形涵
≤3	$\geq h_d/4$	$\geq h_d/4$	$\geq h_d/6$
>3	≥0.75m	≥0.75m	≥0.5m

9.4.3 在小桥涵孔径计算中，可不计桥涵前积水对设计流量的影响。

9.4.4 桥下有铺砌的小桥孔径的验算可根据河沟断面形态初拟孔径，验算桥下流速、桥下水深及桥前壅水位。

(1) 自由出流状态

$$v_k = \sqrt[3]{\frac{Q_p g}{\varepsilon B_k}} \tag{9-1}$$

$$A_k = \frac{Q_p}{\varepsilon v_k} \tag{9-2}$$

$$h_q = h_k + \frac{v_{qs}^2}{2g\varphi} - \frac{\bar{v}^2}{2g} \tag{9-3}$$

$$v_{qs} = \frac{v_k}{0.9} \tag{9-4}$$

$$H_y = H_q + h_q \tag{9-5}$$

式中：v_k——涵内临界流速（m/s）；

Q_p——设计流量（m^3/s）；

B_k——临界水深时的桥下净水面宽度（m）；

g——重力加速度，取用 9.80m/s^2；

ε——桥梁挤压系数，按表 9-1 采用；

A_k——临界水深时的桥下净过水面积（m^2）；

v_{qs}——桥下收缩断面处流速（m/s）；

h_q——桥前积水深（m）；

h_k——临界水深（m），指桥下临界断面处，铺砌面至临界水面的水深，按 A_k 值及桥下断面形式推算；

φ——流速系数，按表 9-1 取用；

$\bar{v}$——桥前行近流速（m/s）；

H_y——桥前壅水位（m）；

H_q——桥前铺砌面高程（m）。

表 9-1　桥梁的挤压系数 ε、流速系数 φ 值

桥台形式	挤压系数 ε	流速系数 φ
单孔桥锥坡填土	0.90	0.90
单孔桥有八字翼墙	0.85	0.90
多孔桥或无锥坡或桥台伸出锥坡以外	0.80	0.85
拱脚淹没的拱桥	0.75	0.80

①当设计水位 $H_s \geq H_q + 1.3h_k$ 时，应改按非自由出流状态验算。

②当桥下铺砌面允许流速 $v_y < v_{qs}$ 时，应改变铺砌类型，使 $v_y \geq v_{qs}$。v_y 值按本宣贯读本附件 4 取用。

③当 H_y 超过桥前允许淹没水位时，应增大孔径，以减小桥下流速及水深。

（2）非自由出流状态

$$v_s=\frac{Q_p}{\varepsilon B_{qj}h_{qj}} \tag{9-6}$$

$$h_{qj}=H_s-H_q \tag{9-7}$$

$$h_q=h_{qj}+\frac{v_s^2}{2g\varphi^2}-\frac{\overline{v}^2}{2g} \tag{9-8}$$

$$H_y=H_q+h_q \tag{9-9}$$

式中：v_s——桥下设计流速（m/s）；

h_{qj}——桥下水深（m）；

B_{qj}——桥下过水面积平均净宽度（m）；

H_s——桥址天然断面设计水位（m）。

①当 $v_y<v_s$ 时，应改变铺砌类型，使 $v_y\geqslant v_s$，或增大孔径，使 $v_s\leqslant v_y$。

②当 H_y 超过桥前允许淹没水位时，应增大孔径，当 H_y 低于桥前允许淹没水位过多时，可考虑缩减孔径。

9.4.5 桥下可冲刷的小桥孔径的验算可根据河沟断面形态初拟孔径后，按本规范第 7 章、第 8 章的规定，计算壅水高度，验算桥前壅水位及桥下净空，计算冲刷深度，验算基础埋深。基底埋深安全值应不小于 1m。

9.4.6 无压力式涵洞孔径的验算可根据河沟断面形态初拟孔径后，验算涵内流速、水深和涵前壅水位。

（1）临界流状态

按照 $v_k=\sqrt[3]{\dfrac{Q_p g}{\varepsilon B_k}}$、$A_k=\dfrac{Q_p}{\varepsilon v_k}$、$v_{qs}=\dfrac{v_k}{0.9}$求算 v_k、A_k、v_{qs}。

按下列公式求算 h_{qs}、h_q、H_y：

$$h_{qs}=0.9h_k \tag{9-10}$$

$$h_q=h_{qs}+\frac{v_{qs}^2}{2g\varphi}-\frac{\overline{v}^2}{2g} \tag{9-11}$$

$$H_y=H_q+h_q \tag{9-12}$$

式中：h_{qs}——涵内收缩断面处水深（m）；

H_q——涵前铺砌面高程（m）。

①当 $H_s > H_{cd} + 1.3h_k + I_d (L_h - L_c)$ 时，应改为淹没流状态验算。

式中：H_s——涵洞出口断面的设计水位（m）；

H_{cd}——涵洞出口断面铺砌面高程（m）；

I_d——涵底纵坡；

L_h——涵长（m）；

L_c——涵口进口端至收缩断面间的距离，取（1.5～2.5）$(h_q - h_{qs})$。

②当涵洞内铺砌面允许流速 $v_y < v_{qs}$ 时，应改变铺砌类型，使 $v_y \geq v_{qs}$。

③当 H_y 超过涵前允许淹没水位时，应增大孔径。

（2）淹没流状态

$$v_s = \varphi_0 \sqrt{2g (H_0 - H_s)} \tag{9-13}$$

$$A = \frac{Q_p}{\varepsilon v_s} \tag{9-14}$$

$$H_0 = H_y + \frac{\overline{v}^2}{2g} \tag{9-15}$$

$$H_y = H_s + \frac{v_s^2}{2g\varphi_0^2} - \frac{\overline{v}^2}{2g} \tag{9-16}$$

$$\varphi_0 = \sqrt{\frac{1}{1 + \xi_1 + \xi_2}} \tag{9-17}$$

$$\xi_2 = \frac{2gL_h}{C^2 R} \tag{9-18}$$

$$c = \frac{1}{n_h} R^{\frac{1}{6}} \tag{9-19}$$

式中：φ_0——流速修正系数；

H_0——涵前水头高程（m）；

A——涵内过水面积（m^2）；

ξ_1——入口损失系数，按表 9-2 取用；

ξ_2——沿程损失系数；

C——曼宁流速系数；

n_h——涵内糙率，一般取用 0.017 或按本宣贯读本附件 1 取用；

R——水力半径（m）。

表 9-2 涵洞进水口摩阻损失 ξ_1 值

上游洞口建筑形式	ξ_1
没有洞口建筑的涵洞	0.45
有扩张式斜翼墙洞口建筑的涵洞	0.25
有锥形洞口建筑的涵洞	0.10

①当 $v_s > v_y$ 时，应改变铺砌类型，使 $v_y \geq v_s$，或增大孔径使 $v_s \leq v_y$。

②当 H_y 超过涵前允许淹没水位时，应增大孔径；当 H_y 低于涵前允许淹没水位过多时，可考虑缩减孔径。

9.5 冲刷防护

9.5.1 在小桥涵上、下游河沟和路基边坡的一定范围内，宜采取防冲刷措施。

9.5.2 当沟底纵坡小于或等于 15%时，桥涵铺砌面纵坡可与沟底纵坡相接近；当沟底纵坡大于 15%时，桥涵铺砌面宜按沟坡做成台阶式或设置不大于临界坡度的纵坡，并与天然河沟相顺接。

本条规定的目的是减轻对铺砌防护的冲刷，不至于冲坏。

9.5.3 桥涵河底铺砌防护范围，当沟底纵坡小于或等于 15%时，宜铺砌到上、下游翼墙端部，并应在上、下游铺砌面端部设置截水墙。截水墙埋置深度不应小于台身或翼墙基础深度。当桥涵出口流速大于河床土壤允许流速时，应在下游洞口铺砌面上设置挑坎，挑坎形式可根据铺砌长度确定，或在下游铺砌面末端抛填片石。铺砌面的高程，宜略低于河床面高程，铺砌类型应与设计流速相适应。

在涵洞下游洞口，为了减小水流速度，减弱对出水口及附近沟床的冲刷，根据铺砌长度，采用多级挑坎。

10 路基水文勘测设计

10.1 一般规定

10.1.1 路基水文勘测设计应根据地区特点和水文特征，采用相应的勘测设计方法，为路基及其地表排水、防护工程的合理设计提供水文依据。

10.1.2 路基及其地表排水、防护工程的设计洪水频率，应符合本规范第1.0.8条的规定。

10.1.3 路基水文勘测设计宜与桥涵水文勘测设计统一进行，综合考虑全线排水系统设计。

10.2 水文调查与勘测

10.2.1 一般地区，应进行汇水区概况调查，收集暴雨径流及地质资料，调查涎流冰、地表积水的范围及地下水出露位置、流量、季节性变化等。

一般地区指路基高度不受地表水或洪水控制和影响的地区。

10.2.2 沿河路基，水文调查与勘测应按下列规定进行：

1 水文调查内容宜按本规范第5.2节的规定进行。

2 水文断面沿路线布设的间距，可取1～2倍河宽；在河床断面及纵坡有明显变化、较大支流汇入、分流前后、历史洪水位调查点附近，应增设水文断面。水文断面的施测范围，应符合本规范第5.3.1条的规定。

3 河段地形图应包括对工程有影响的河段，高程测绘至历史最高洪水位以上；测绘内容着重于影响流向的地形、地物，并应标出水文断面及历史洪水位。

4 河床比降可利用河段地形图点绘，洪水比降测绘应符合本规范第5.3.2

条的规定。

沿河路基指路基沿河布设且受设计洪水浸淹，路基高度受设计洪水位控制或影响。

10.2.3 河滩路基水文调查与勘测可按本规范第5章的规定进行。

河滩路基指路基横跨河滩布设，路基高度受设计洪水位或桥梁高度控制。

10.2.4 平原低洼（河网）地区，路基水文调查与勘测可按本规范第11.3节的规定进行。

平原低洼（河网）地区路基区段指路基通过内涝、引水排洪渠道、通航河渠、蓄滞洪区、防洪堤等布设，路基高度受设计洪水位或相关部门要求控制。

10.2.5 滨海路基水文调查与勘测可按本规范第11.7.1条的规定进行。

滨海路基指路基沿海岸布设且受设计潮水浸淹，路基高度受设计潮水位控制或潮汐影响。

10.3 水文分析与计算

10.3.1 一般地区，设计流量可按本规范第6.4节的规定计算，地表径流深度或积水深度可由调查确定。

10.3.2 沿河路基，水文分析与计算应按下列规定进行：

1 设计流量可按本规范第6章的规定推求。

2 设计水面线可根据各水文断面的水位—流量关系曲线，推出设计水位，结合河床比降、历史洪水比降确定；亦可采用水面曲线法求出设计水面线。

3 沿路基的水流流速，可采用路基近旁河槽或河滩的平均流速，但应考虑可能的河床变迁所造成的影响。当路基受斜水流冲击时，沿路基的水流流速应考虑流速不均匀分布的影响，可按下式计算：

$$v_{\beta} = \frac{2\varepsilon_{\beta}}{1+\varepsilon_{\beta}} v_{\mathrm{c}}(t) \tag{10.3.2}$$

式中：v_{β}——斜流流速（m/s）；

$v_c(t)$ ——路基近旁河槽或河滩的平均流速（m/s）；

ε_β——流速不均匀分布系数，可按表 10.3.2 查取。

表 10.3.2 流速不均匀分布系数 ε_β 值

水流与路基夹角 β	≤15°	20°	30°	40°	50°	60°	70°	80°	90°
ε_β	1.00	1.25	1.50	1.75	2.00	2.25	2.50	2.75	3.00

4 沿河路基不宜侵入河槽，亦不宜压缩河道过水面积，与水流的交角不宜过大。当压缩过水面积较多时，应计算壅水高度，分析对河道流向、河床变形及堤岸、田舍的影响。

沿河路基设计水位的确定，可利用上、下游附近水文站实测断面计算设计水位推至某一断面处，只有在区间河段顺直，水文站与该断面处流域面积相差不超过 5%时，可采用相关法或比降法推求。当河底纵坡与横断面变化较大时，则可采用水面曲线法推算。

10.3.3 河滩路基，水文分析与计算应按下列规定进行：

1 河滩上的设计流量、设计水位和流速，应在桥位水文分析和计算中完成。

2 桥头无导流堤或有梨形导流堤的路基上游侧最大壅水高度，可按下列规定确定：

1）最大壅水高度可按下列公式计算：

$$\Delta h_{sh} = \Delta Z + L_{y1} I \tag{10.3.3-1}$$

$$L_{y1} = K_s(1 - M')B \tag{10.3.3-2}$$

式中：Δh_{sh}——路基上游侧，设计水位以上的最大壅水高度（m）；

ΔZ ——桥前最大壅水高度（m）；

L_{y1}——桥前最大壅水高度处至桥轴线的距离（m）；

I——桥位河段天然洪水比降（以小数计）；

M'——天然状态下桥孔范围内通过的流量与设计流量之比；

B——设计洪水时的水面宽度（m）；

K_s——系数，可按表 10.3.3-1 查取。

表 10.3.3-1 系 数 K_s 值

M'	0.8	0.7	0.6	0.5
K_s	0.45	0.49	0.53	0.59

2）最大壅水高度点至桥台前缘的距离，可按下列公式计算：

$$L_{sh}=AL_{y1}-0.5L_d \qquad (10.3.3\text{-}3)$$

$$E'=1-\frac{Q'_{t2}}{Q'_{t1}} \qquad (10.3.3\text{-}4)$$

式中：L_{sh}——最大壅水高度点至桥台前缘的距离（m）；

L_d——两桥台前缘间的距离（m）；

A——系数，可根据 E'、M'值按表 10.3.3-2 查取；

E'——桥孔偏置系数；

Q'_{t1}——桥梁一端路基阻挡的较大流量（m^3/s）；

Q'_{t2}——桥梁另一端路基阻挡的较小流量（m^3/s）。

表 10.3.3-2　系 数 A 值

M'	E'									
	0	0.1	0.2	0.3	0.4	0.5	0.6	0.7	0.8	0.9
0.5	1.43	1.44	1.48	1.55	1.63	1.73	1.85	1.98	2.14	2.31
0.6	1.93	1.94	1.95	2.00	2.09	2.20	2.35	2.52	2.73	2.97
0.7	2.80	2.81	2.82	2.83	2.90	3.03	3.23	3.47	3.79	4.16
0.8	4.60	4.64	4.68	4.72	4.77	4.87	5.16	5.57	6.16	6.92

3）沿路基的水面横坡，桥台前缘至最大壅水高度点的水面横坡可按下式计算；最大壅水高度点至岸边的水面，按平坡计。

$$I_h=\frac{L_{y1}I}{L_{sh}} \qquad (10.3.3\text{-}5)$$

4）计算的 L_{sh} 大于河滩路基长度时，最大壅水高度可按下式计算：

$$\Delta h_{sh}'=\Delta Z+\frac{L_aL_{y1}I}{L_{sh}} \qquad (10.3.3\text{-}6)$$

式中：$\Delta h_{sh}'$——当 $L_{sh}>L_a$ 时，路基上游侧边坡与岸坡交接处设计水位以上的最大壅水高度（m）；

L_a——由桥台前缘至同一端岸边间的路基长度（m）。

3　桥头有非封闭式导流堤的路基上游侧壅水高，宜按下列规定确定：

1）当 $L_{sh}\leqslant L_a$ 时，按 Δh_{sh} 计；

2）当 $L_{sh}>L_a$ 时，按 $\Delta h_{sh}'$ 计；

3）沿路基的水面线按平坡考虑。

4　沿路基下游侧水位，按同一高度计。该水位比设计水位的降低值可按下式估算：

$$\Delta h_x = K_j h_{tl} \tag{10.3.3-7}$$

式中：Δh_x——水位降低值（m）；

h_{tl}——设计水位时，河滩路基范围内的平均水深（m）；

K_j——水位降低系数，可按表 10.3.3-3 查取。

表 10.3.3-3　水位降低系数 K_j 值

$\frac{Q_t'}{Q_p}$	E'											
	河滩路基阻挡流量较大一端						河滩路基阻挡流量较小一端					
	0	0.2	0.4	0.6	0.8	1.0	0	0.2	0.4	0.6	0.8	1.0
0	0.00	0.00	0.00	0.00	0.00	0.00	0.00	0.00	0.00	0.00	0.00	0.00
0.1	0.07	0.08	0.10	0.12	0.13	0.14	0.07	0.07	0.07	0.06	0.06	0.06
0.2	0.13	0.17	0.20	0.23	0.25	0.26	0.13	0.13	0.12	0.12	0.11	0.11
0.3	0.19	0.25	0.29	0.33	0.35	0.36	0.19	0.19	0.18	0.18	0.18	0.17
0.4	0.25	0.33	0.38	0.41	0.43	0.44	0.25	0.24	0.24	0.23	0.23	0.22
0.5	0.30	0.40	0.44	0.46	0.48	0.48	0.30	0.29	0.28	0.27	0.26	0.24
0.6	0.33	0.42	0.47	0.49	0.51	0.51	0.33	0.32	0.30	0.29	0.28	0.26
0.7	0.36	0.44	0.49	0.51	0.52	0.52	0.36	0.34	0.32	0.30	0.28	0.27

注：1. 表列 K_j 值可内插求算。
2. 表中 Q_t' 为两端河滩路基所阻挡的流量之和（m^3/s），E' 为桥孔偏置系数，Q_p 为设计流量（m^3/s）。

5　上、下游两侧最大水位差可按下列公式计算：

$$\Delta h_m = \Delta h_{sh} + \Delta h_x \tag{10.3.3-8}$$

或

$$\Delta h_m = \Delta h'_{sh} + \Delta h_x \tag{10.3.3-9}$$

式中：Δh_m——上、下游两侧最大水位差（m）。

6　上、下游两侧沿路基的水流流速，可按下式计算。靠近桥台部分的流速，宜采用桥下流速。

$$v_j = 0.7 v_{tj} \tag{10.3.3-10}$$

式中：v_j——上、下游两侧沿路基的水流流速（m/s）；

v_{tj}——天然状态下河滩路基范围内的平均流速（m/s）。

10.3.4 平原低洼（河网）地区，水文分析与计算应按下列规定进行：

1 路基上游有分洪、滞洪等情况时

1）设计流量和水位可根据分洪进水口及路基上游汇水区的设计洪水频率流量过程线、路基上游蓄水体积与水位的关系线、路基水文断面水位与流量关系曲线，按水量平衡原理推算。

2）当出水口建有泄洪控制闸时，应在水量平衡运算中考虑其对路基断面流量的影响。

2 路基上游无分洪、滞洪等情况时

1）路基区段的设计流量可按下式计算：

$$Q_{p2} = Q_p - Q_{pl} \tag{10.3.4}$$

式中：Q_{p2}——路基区段的设计流量（m^3/s）；

Q_p——汇水区域内设计总流量（m^3/s），可采用雨量资料或地区经验公式求算；

Q_{pl}——汇水区域内河沟排泄的设计流量（m^3/s）。

2）设计水位可根据低洼区的特点，按本规范式（11.3.2-1）或调查资料估定。

10.3.5 滨海路基，水文分析与计算可按本规范第11.7.2条、第11.7.3条的规定进行。

10.4 浸水路基高度

10.4.1 浸水路基的高度，除应满足现行《公路路基设计规范》（JTG D30）规定的最小填土高度外，其边缘设计高程尚应高出下式计算值：

$$H_{min} = H_S + \sum \Delta h + 0.5 \tag{10.4.1}$$

式中：H_{min}——路基边缘最低高程（m）；

H_S——设计水位（m）；

$\sum \Delta h$——考虑壅水高度或水位降低值、波浪爬高、局部冲高、河湾超高、床面淤高等因素的总和。

水库蓄水范围内沿库岸路基边缘高程的确定，需考虑水库淤积的影响，设计水位应采用水库淤积后设计洪水位时的回水位，尚应高出水库淤积的相应公路设计洪水频率的回水水位，加波浪侵袭高再加安全高 0.5m。另外由于水库淤积，水利部门规划今后有可能抬高水坝，延长寿命，或改变水库运用方式，或灌溉及发电蓄水等而使水库水位提高，计算时可酌量提高。

10.4.2 沿河路基、河滩路基的壅水高度应按本规范第 10.3.2 条、第 10.3.3 条的规定计算，波浪爬高及床面淤高可由计算、调查确定；位于凹岸的沿河路基，或当水流流向与路基轴线斜交时，宜按下式计算局部冲高值并与波浪爬高值比较，取大值计入本规范式（10.4.1）。

$$\Delta h_{ch}=\frac{v_g^2\sin^2\theta}{g\sqrt{1+m^2}} \tag{10.4.2}$$

式中：Δh_{ch}——斜水流在路基边坡上的局部冲高（m）；

v_g——冲向路基的水流平均流速（m/s）；

θ——水流与河湾切线或路基轴线斜交角（°）；

m——路基迎水面边坡系数。

10.4.3 对有封闭式导流堤的河滩路基，当导流堤设计标准低于设计洪水频率时，应按本规范式（10.4.1）计算路基边缘最低高程；当导流堤足以抵抗设计频率的洪水时，可按本规范式（10.3.3-7）计算水位降低值，替代壅水高计入本规范式（10.4.1），波浪爬高及床面淤高由计算、调查确定。

10.4.4 平原低洼（河网）地区路基区段的壅水高、波浪爬高及床面淤高应由计算、调查确定。

10.4.5 滨海路基的设计高程不应低于设计频率的高潮水位加波浪侵袭高，以及 0.5m 的安全高度。

10.5 冲刷防护

10.5.1 当浸水路基受水流冲刷时，应根据河流特性、水流性质、河道地貌、地质等因素，结合路基位置，选择适宜的防护措施及必要的调治工程。

10.5.2 滨海路基应根据波浪对路基的作用特点和堤前水深、波浪高度、最大波浪底流速及地基情况等因素，选择适宜的防护措施及必要的调治工程。

10.5.3 受水流冲刷的直接防护工程，基底应埋置在冲刷线以下不小于1.0m或嵌入基岩内；也可采用平面防护措施。

在沿河路基挡土墙或护坡的局部冲刷过大时，深基础施工有困难，可采用平面防护措施。平面防护有刚性和柔性之分，浅基刚性平面防护的顶面宜位于一般冲刷线以下，防护宽度及护坦外缘垂墙的冲刷深度，可参照相关手册由计算确定。浅基柔性平面防护的基底至少应埋置在冰冻线以下0.25m，对铁丝石笼的平面防护长度，一般应为防护顶面至冲刷深度的1.5倍，并略加安全值；对柔性混凝土板平面防护，其板厚及防护长度可参照相关手册由计算确定。

笔者据多年使用情况，认为采用柔性平面防护比刚性平面防护为好，从2012年7月21～22日和8月1～3日北京、河北洪水灾情看，也证实了这一点，凡刚性防护的基本水毁，凡柔性防护的基本完好。

10.5.4 沿河路基直接防护工程的冲刷深度，应包括下列三部分：

1 河床自然演变冲刷：宜按本规范第8.2节的规定确定。

2 一般冲刷：宜按本规范第8.3节的规定计算。

3 局部冲刷：宜通过计算并结合实际调查分析确定。

沿河路基防护建筑物的冲刷计算应按不同情形考虑：

当防护建筑较多的压缩了水流断面，但水流流向不冲击建筑物时，可考虑河床自然演变冲刷与一般冲刷。对护岸或沿河路基采用挡墙、护坡直接防护时，压缩水流与桥渡建筑物压缩水流的性质是相似的，故参照本规范第8.2、8.3节的规定计算。

沿河路基布设挡墙或护坡没有压缩或很少压缩水流断面，但水流流向冲击防护建筑物时的局部冲刷，条文中未列计算公式。因此，设计中可参考《公路水文勘测设计与水毁防治》（人民交通出版社，2002年1月）有关公式计算。

11 特殊地区桥梁水文勘测设计

11.1 水库地区

11.1.1 桥位在水库蓄水影响区内时，应收集下列资料：

1 水库的性质、等级、设计标准和主坝、副坝、溢洪道尺寸。

2 库区地形图，纵、横断面图。

3 水库的水位与容积、水面面积、总下泄流量关系曲线。

4 天然状态下桥位河道的水位与流量、流速关系曲线，设计流量和历史最大流量过程线。

5 历年汛期入库的平均流量、水量和悬移质颗粒级配曲线等。

6 水库各种特征水位、回水曲线、水库设计淤积年限和淤积计算资料等。

7 库区最大波浪高度、波浪侵袭高度、波浪长度及其相应的库水位资料。

8 库区冰情。

9 桥梁施工时库区可能的高低水位及持续时间。

10 水库的改扩建规划。

11.1.2 桥位在水库蓄水影响区内时，设计流量计算宜符合下列规定：

1 位于水库变动回水段的桥梁，可按天然状态求算设计流量。

2 水库设计洪水频率高于桥梁标准时，应采用与桥梁设计洪水频率相一致的入库流量过程线，进行调蓄计算，推算设计流量。起调水位应根据水库运用情况确定。

3 水库校核洪水频率低于桥梁标准时，应按下列公式验算溃坝后库内桥梁通过的最大流量：

$$Q_k = Q_{kh}\frac{W_q}{W - W_h} \tag{11.1.2-1}$$

$$Q_{kh}=0.27\sqrt{g}\left(\frac{L_k}{B_k}\right)^{\frac{1}{10}}\left(\frac{B_k}{b_k}\right)^{\frac{1}{3}}b_k\,(h_b-k_0h_b')^{\frac{3}{2}} \tag{11.1.2-2}$$

$$L_k=\frac{W\cdot 10^4}{h_b\cdot B_k} \tag{11.1.2-3}$$

当 $W>10^6\text{m}^3$ 时

$$b_k=K_1K_2W^{\frac{1}{4}}B_k^{\frac{1}{7}}h_b^{\frac{1}{2}} \tag{11.1.2-4}$$

当 $W\leqslant 10^6\text{m}^3$ 时

$$b_k=K_1K_3\,(Wh_b)^{\frac{1}{4}} \tag{11.1.2-5}$$

$$k_0=1.4\,\left(\frac{b_kh_b'}{B_kh_b}\right)^{\frac{1}{3}} \tag{11.1.2-6}$$

式中：Q_k——溃坝后库内桥梁通过的最大流量（m^3/s）；

Q_{kh}——坝址处溃坝最大流量（m^3/s）；

W_q——桥前溃坝水位时的库容（10^4m^3）；

W——坝址以上溃坝水位时的总库容（10^4m^3）；

W_h——坝体残留高度部分的库容（10^4m^3）；

L_k——库区长度（m），可采用坝址断面至库区上游端部淹没宽度突然缩小处的距离，也可近似地按式（11.1.2-3）计算；当$\frac{L_k}{B_k}>5$时，按$\frac{L_k}{B_k}=5.0$计；

B_k——坝长（m）；

b_k——坝体溃决口门平均宽度（m），对混凝土重力坝，取坝长值；对一般土坝和堆石坝，可按式（11.1.2-4）、式（11.1.2-5）计算；当计算值大于坝长时，取坝长值；

h_b——溃坝时坝体上游水深（m）；对未溃水库检算时，可采用坝高值；

h_b'——溃坝后坝体残留高度（m）；当无法估算时，可以不计；

k_0——修正系数，当计算值大于0.94时，取0.94；

K_1——安全系数，按路线等级及坝体质量情况，取1.1～1.3；

K_2——坝体建材系数，对黏土类、黏土心墙或斜墙和土、石、混凝土的坝体，取1.2；对均质壤土，取2.0；

K_3——材质系数，质量好的取6.6，质量差的取9.1。

11.1.3 桥位在水库蓄水影响区内时，设计水位应符合下列规定：

1 可采用水利部门提供的与桥梁设计洪水频率相一致的桥下最高蓄水位，也可根据“水库回水计算”方法确定。设计水位应考虑水库淤积影响。

2 水库校核洪水频率低于桥梁设计洪水标准时，设计水位应采用水库校核洪水频率的桥下最高蓄水位。

11.1.4 桥位在水库蓄水影响区内时，水库回水计算应符合下列规定：

1 可根据水库纵、横断面及与桥梁设计洪水频率相一致的入库流量过程线，按照能量平衡或水量平衡原理，推求水库回水曲线。

2 水库纵、横断面应采用桥梁使用期内水库淤积后的断面，并取水库地形变化处为计算断面。

3 与桥梁设计洪水频率相一致的入库流量过程线，可利用水库的资料或按本规范第6章求算。

4 在调洪演算确定坝前水位和下泄流量时，起调水位应根据汛期水库运用情况确定，可采用水库正常蓄水位或防洪限制水位。

5 应按设计洪水入库流量过程线计算与各时段流量对应的回水曲线，比较各回水曲线的桥下水位，取最高值为设计水位。

11.1.5 桥位在水库下游时，应收集下列资料：

1 水库修建年代、设计标准、控制汇水面积、淤积情况及与桥梁设计洪水频率相同的下泄流量等基础资料。

2 水坝海漫的下游河底局部冲刷最大深度及冲刷向下游扩散的范围。

3 水坝与桥位间汇入各大支流的设计流量和汇水面积，桥、坝间距离和区间汇水面积。

4 桥位河段水利设施规划情况。

11.1.6 桥位在水库下游时，设计流量计算应符合下列规定：

1 当桥梁距水坝很近，区间汇水面积小于坝址以上汇水面积的10%时，桥下设计流量可直接采用同频率洪水时的水库下泄流量。

2 当区间汇水面积小于坝址以上汇水面积的20%，且不大于1 000km^{2}时，桥下设计流量可按下式估算：

$$Q_p = Q_{px} + Q_p'\left(\frac{F_q}{F}\right)^{n_1} \tag{11.1.6-1}$$

式中：Q_p——桥下设计流量（m^3/s）；

Q_{px}——设计频率洪水时的水库下泄流量（m^3/s）；

Q_p'——天然状态下桥位断面设计洪水频率时的流量（m^3/s）；

F——桥位以上汇水面积（km^2）；

F_q——桥坝区间汇水面积（km^2）；

n_1——面积指数。

3 当区间汇水面积大于或等于坝址以上汇水面积的20%，或大于1 000km^2时，桥下设计流量可按下列公式计算，并取大值：

$$Q_p = Q_p' - Q_{pb} + Q_{px} \tag{11.1.6-2}$$

$$Q_p = Q_{pq} + (Q_p' - Q_{pq})\frac{Q_{px}}{Q_{pb}} \tag{11.1.6-3}$$

式中：Q_{pb}——天然状态下，与桥同频率的坝址断面流量（m^3/s）；

Q_{pq}——桥坝区间汇水面积的设计洪水频率的流量（m^3/s）。

4 水库的下泄流量可从水利部门查取，或按调洪演算确定。对缺少资料并有调洪作用的小型水库，其设计标准符合公路桥梁设计标准要求者，下泄流量可近似地按下式计算：

$$Q_{px} = Q_{pb}\left(1 - \frac{W_F}{W_{bs}}\right) \tag{11.1.6-4}$$

式中：W_{bs}——对应坝址断面流量的洪水总量（m^3）；

W_F——水库防洪库容（m^3）。

5 桥梁设计洪水标准高于水库校核标准时，桥下设计流量除应按河流天然状态计算外，尚应按下式验算溃坝后的桥下流量：

$$Q_k' = \frac{W_{ks}}{\dfrac{W_{ks}}{Q_{kh}} + \dfrac{L_{bq}}{\bar{v}K_0}} \tag{11.1.6-5}$$

式中 Q_k'——桥位断面溃坝最大流量（m^3/s）；

W_{ks}——水库溃坝后下泄的水量（m^3）；

L_{bq}——桥坝间距离（m）；

$\bar{v}$——河道洪水期最大断面平均流速（m/s），可采用实测最大值；无资料地区：山区可采用 3.0～5.0m/s，山前区可采用 2.0～3.0m/s，平原区可采用 1.0～2.0m/s；

K_0——调整系数，山区取 1.1～1.5，山前区取 1.0，平原区取 0.8～0.9。

11.1.7 桥位在水库下游时，设计水位计算可按本规范第 6.5 节的规定确定。计算断面宜采用建库前的原始断面。采用建库后的河床断面时，宜按建库后河道冲刷情况，适当提高设计水位。

第 11.1.1～11.1.7 条，在水库地区的资料收集、设计洪水分析与计算，按桥位在水库蓄水影响区内和水库下游两种情况分别考虑，根据桥位所处位置，按相应规定进行。

11.1.8 桥孔设计应按下列规定进行：

1 桥位在水库蓄水影响区内时：

1）在水库变动回水区段，桥孔设计长度可按天然状态处理；桥面设计高程可按本规范第 7.4 节的规定确定。位于结冰河流时，尚应考虑冰坝和冰塞可能造成水位抬高的影响。

2）在库区内，桥孔设计长度可按地形条件、经济比较决定，桥面设计高程可按本规范第 7.4 节的规定确定。

2 桥位在水库下游时，可按本规范第 7 章的有关规定进行桥孔设计。

11.1.9 墩台冲刷计算及基础埋深应符合下列规定：

1 当桥位在水库蓄水影响区内时：

1）在水库变动回水区段，基础埋置深度可按天然状态处理。

2）在库区内，桥下冲刷可按本规范第 8 章所列公式计算，应考虑汛期水库最低蓄水位和设计洪水相遭遇、水库溯源冲刷、建库后水沙条件变化引起河道变形及梯级水库上游水库泄洪冲刷等的影响。

2 桥位在水库下游时，墩台基础埋深，除应符合本规范第 8 章有关规定外，尚应考虑水库下泄清水冲刷的影响。桥位应选择在坝下局部冲刷范围以外；当位于坝下局部冲刷范围内时，应按水库运行情况及经验公式分析计算冲刷深度，必要时可通过水工模型试验确定。

第 11.1.8～11.1.9 条，水库地区的桥孔设计、墩台冲刷计算及基础埋深，按桥位在水库变动回水区、库区和水库下游三种情况分别考虑。除应符合天然状态要求外，尚应考虑水库修建引起的水流和泥沙条件的改变。

(1) 修建水库后，坝址水位将较天然水位抬高很多。

(2) 在河流上尤其是多沙河流修建水库以后，由于泥沙的淤积，往往会显著抬高库区水位，而这种影响又往往预测不够。

(3) 建库后由于库区流速显著减小，在严寒地区，水库回水末端附近容易形成冰塞，其相应水位的抬高远比天然河道严重。水库静回水区极易发生冰冻，墩台由于冰冻胀力的挤压和剪切及流冰的撞击而常遭破坏。

(4) 由于建库后水沙条件的变化，在库区和坝址下游都可能造成河型的转化和剧烈的冲淤变化。一般而言，水坝上游库区由于以淤积为主，河型是向宽浅和变迁性发展；而坝址下游由于以冲刷为主，因此河型是向窄深和稳定方向发展。当水库采取底流泄洪或排沙措施时，水库上游也会发生冲刷，如溯源冲刷和沿程冲刷，下游也会产生淤积甚至使河床回升和抬高。修建水库后，由于泥沙拦蓄而下泄清水，以及坝下消能的不足，在建库初期坝下的清水冲刷，不仅会造成局部河床的显著降低，而且会造成下游河道长距离（有时可达数百公里）的普遍下切，影响桥梁墩台的稳定和基础埋深。

(5) 建库后由于库内水深远较天然情况为大，且浸泡时间显著增长，将使库内岸坡的稳定性降低，再加上波浪的切割和磨蚀，岸坡的土层和半岩质岩层将产生坍岸，直至达到新的平衡稳定条件下的岸坡为止。因此坍岸将威胁建于岸坡上的桥梁墩台和涵洞的稳定性，尤其是在岸坡较陡的桥隧相连处，将可能造成桥位的失败而改线。

(6) 建库后由于库内水位抬高，提供了通航条件或改善了航道，使原来不通航的河流有了通航要求，或要求提高航道等级。

(7) 水库的溃坝事例很多，不仅低标准水库经常失事，大中型水库失事也时有发生。由于水库坝高蓄水量大，一旦失事，产生的溃坝流量及其对下游的危害远较天然洪水为大。

11.2 泥石流地区

11.2.1 水文调查应包括下列内容：

1 收集地区暴雨（强度和历时）、流域蓄水（冰雪覆盖面积及厚度、高山湖泊积水、水库蓄水）、年径流模数、洪峰流量模数及区域地形、地质、土壤、植被等资料。

2 调查汇水区内崩塌、滑坡等不良地质隐患的分布、规模，估算可能暴发的数量。

3 调查汇水区内泥石流发生次数、时间、规模、过程和泥石流性质、洪痕、龙头高度及河床比降、河床冲淤变化等。

4 调查泥石流的形态特征、附近村庄的历史变迁、人类活动及泥石流危害。

水文调查的目的，首先要分析确定形成泥石流的可能性。泥石流的形成有三个基本条件，即：

（1）汇水区域内有失稳的大量松散固体物质；

（2）相应的水体，如大量的降雨、急剧消融的冰雪或渠道、水库溃决；

（3）地形陡峻，沟槽纵坡较大。

其次，要确定桥位所处的河段特点。泥石流河沟一般可分为三个区段，即：

（1）形成区——一般位于汇水水域中上游，多呈集水盆地或围谷盆地，山坡陡峻，沟槽纵坡大，不良地质现象发育，山坡不稳，水土流失严重。坡面水流与松散固体物质主要在此汇聚。

（2）流通区——一般位于汇水水域中下游，多为沟谷地形，沟道断面比较窄深，两岸山坡比较稳定，沟壁有明显的泥石流痕迹，沟床有冲有淤，近于平衡，如无基岩控制，略趋下切。

（3）沉积区——位于汇水水域的下游，多在沟谷的出口处，平面上呈冲积扇形，是识别泥石流沟的主要标志之一。

第三，区分稀性泥石流和黏性泥石流，可按表 11-1 特征区分。

第四，确定泥石流所处的发展时期，一个地区或一条沟的泥石流可分为三个发展时期，即发展期、旺盛期、衰退期。各期主要指标见表 11-2。

第五，收集水文水力计算分析需要的基础资料，核对计算成果。

根据上述调查目的，确定本条调查内容。

表 11-1　稀、黏性泥石流特征

特　征	类　别	
	黏　性	稀　性
重度（kN/m^3）	15～23	12～18
黏度（Pa·s）	＞0.3	＜0.3
物质组成	由黏土、粉砂、砾石、块石等组成，含有大量的黏土和粉砂	以碎块石和砂砾为主，含有少量黏土和粉砂
流态特征	固、液两相物质组成的黏稠浆体，以相同的速度作整体运动，具层流性质。有阵流和“龙头”现象，直进性强，转向性弱，弯道爬高明显	固、液两相物质不能组成黏稠的浆体，浑水或稀泥浆流速大于粗粒固体物质的运动速度，具有紊流性质，无阵流现象，也无明显的“龙头”
沉积物特征	堆积后不扩散，呈舌状或岗状，仍保持运动时的结构形态。沉积物疏水性弱，洪水后不易干涸，沉积物分选性差	堆积后固液两相立即离析，堆积物呈扇形，洪水后即可通行，沉积物有一定分选性

表 11-2　泥石流发展时期划分

指　标	发展时期		
	发展期	旺盛期	衰退期
汇水区域内的沟谷形态	山沟冲沟开始发育，多细沟等形式，下切深度较小	沟谷严重下切，断面呈“V”形，两岸滑坡、崩塌严重	支沟已趋稳定，沟谷断面呈“U”形，上游沟床已多为基岩
不良物理地质现象	沟岸有少量崩塌、滑坡	以深层滑坡、大型崩塌及错落为主	滑坡、崩塌渐趋稳定，以局部坍塌、滑溜为主
泥石流性质	黏性或稀性	以黏性为主	稀性
扇形地发展情况	开始发育，扇面较小	扇面大、淤高快，改道频繁	冲积物大部堆积在扇顶部，逐渐向沟内回淤，冲积扇顶部有固定沟床

11.2.2 泥石流河沟水文计算应按下列规定进行：

1 泥石流重度测定，能采集到泥石流流动时的代表性样品时，可采用称重法；不能采集到泥石流流动时的样品时，可通过现场调查确定泥石流中固体物质和水的体积比，计算泥石流的重度。其他有调查资料依据的经验性测定方法也可采用。

2 计算泥石流流速时，可采用以实测或调查资料确定的经验公式，应将其他公式与地区性的泥石流流速计算公式作比较，计算结果相差较大时，应作合理性分析。

3 泥石流流量可按雨洪修正法计算，有泥痕的河沟也可按泥痕调查法计算，必要时可用两种方法分别计算，相互校核。

第1款，关于泥石流重度的测定。泥石流重度是区分稀性泥石流和黏性泥石流的重要指标，也是泥石流流速、流量计算中的主要参数。目前确定泥石流重度的方法很多，有称重法、体积比法、按固体物质储备量计算法、按汇水区域坡度计算法等。除称重法、体积比法外，其他方法都有地区适应性，故采用称重法和体积比法作为泥石流重度测定的标准方法，考虑到这两种方法在使用中如遇有困难，又规定可参考应用其他经验性的测定方法。

泥石流重度可按下列公式测定：

(1) 当能采集到泥石流流动时的代表性样品时，按下式计算。

$$\gamma_C = \frac{G}{W_C} \tag{11-1}$$

式中：γ_C——泥石流重度（kN/m^3）；

G——泥石流样品重量（kN）；

W_C——泥石流样品体积（m^3）。

(2) 当不能采集到泥石流流动时的样品时，可通过现场调查确定泥石流中固体物质和水的体积比，按下式计算。

$$\gamma_C = \frac{\gamma_S \times f + \gamma_w}{f+1} \tag{11-2}$$

式中：γ_S——固体物质（泥、沙、石）的重度（kN/m^3），可取 26～27kN/m^3；

γ_w——水的重度，可取 10kN/m^3；

f——固体物质的体积与水的体积之比（以小数计）。

第 2 款，由于目前各类泥石流流速的计算式尚不成熟，故规定“应将其他公式与地区性的泥石流流速计算公式作比较，计算结果相差较大时，应作合理性分析”。

泥石流流速可按下列公式计算：

（1）稀性泥石流流速可参考下式计算。

$$\bar{v}=\sqrt{\frac{\gamma_w}{\gamma_S\phi+\gamma_w}}\cdot\frac{1}{n_{C1}}\cdot h_w^{\frac{2}{3}}I^{\frac{1}{2}} \tag{11-3}$$

$$\phi=\frac{\gamma_C-\gamma_w}{\gamma_S-\gamma_C} \tag{11-4}$$

$$A_w=\beta A \tag{11-5}$$

式中：$\bar{v}$——泥石流断面平均流速（m/s）；

ϕ——修正系数；

n_{C1}——清水河床糙率；

I——泥石流水面或河床比降（以小数计）；

h_w——清水水深（m），根据调查的泥石流断面积；

A——泥石流断面积（m^2）；

A_w——转换成的清水断面积（m^2）；

β——转换系数，查表 11-3。

表 11-3　β 值 表

γ_S（kN/m^3）	γ_C（kN/m^3）						
	11	12	13	14	15	16	17
25	0.93	0.87	0.80	0.73	0.67	0.60	0.53
26	0.94	0.88	0.81	0.75	0.69	0.63	0.56
27	0.94	0.88	0.82	0.76	0.71	0.65	0.59
28	0.94	0.89	0.83	0.78	0.72	0.67	0.61

（2）黏性泥石流流速可参考下式计算。

$$\bar{v}=\frac{1}{n_{C2}}\cdot\bar{h}^{2/3}\cdot I^{1/2} \quad (11\text{-}6)$$

式中：n_{C2}——黏性泥石流河床糙率，查本宣贯读本附件1；

$\bar{h}$——泥石流平均泥深（m）。

第3款，由于目前各类泥石流流量的计算式尚不成熟，各地除采用一些地区性经验公式外，多采用泥痕调查法或雨洪修正法计算。

泥石流流量可按下式计算：

（1）泥痕调查法

在桥位附近，选择沟道顺直、断面变化不大的沟段，调查各年发生泥石流的泥痕，按下式计算各年泥石流的流量，利用本宣贯读本6.2.3条估算其经验频率及本宣贯读本6.3.3条求算泥石流设计流量。

$$Q_n=A\bar{v} \quad (11\text{-}7)$$

式中：Q_n——泥石流设计流量（m^3/s）；

A——根据调查泥痕计算的过水面积（m^2）。

（2）雨洪修正法

$$Q_{pn}=Q_P\ (1+\phi)\ D \quad (11\text{-}8)$$

式中：Q_{pn}——泥石流设计流量（m^3/s）；

Q_P——按本宣贯读本第6章计算的设计流量计算（m^3/s）；

D——泥石流堵塞系数，查表11-4。

表11-4 泥石流堵塞系数D

危害程度	流域特征	重度γ_C（kN/m^3）	黏度η（Pa·s）	堵塞系数D
强烈	沟槽弯曲，河段宽窄不均，卡口陡坎多，大部分支沟交会角度大。流域内松散固体物质储量大，分布广；植被破坏，水土流失严重；形成区坍方集中，滑坡、冲沟发育，岸坡不稳定；沟床堆积和堵塞现象严重	18～22	1.2～2.5	＞2.5
一般	沟槽较顺直，河段宽窄较均匀，陡坎、卡口不多；主支交角多数小于60°。流域内松散固体物质较丰富；形成区不太集中，有局部坍方和小型滑坡、冲沟；岸坡局部不稳定；沟床局部地段堆积和堵塞现象较严重	16～18	0.5～1.2	1.5～2.5

续上表

危害程度	流 域 特 征	重度 γ_C (kN/m^3)	黏度 η (Pa·s)	堵塞系数 D
轻微	沟槽顺直均匀，基本无卡口、陡坎；主支沟交会角小。流域内松散固体物质较少，形成区分散，部分山坡风化剥落，植被破坏较少；岸坡基本稳定，个别地段有坍塌，沟床堆积物甚少，以冲刷下切为主	14～16	0.2～0.5	<1.5

11.2.3 在泥石流河沟的沉积区，桥涵设计高度应考虑河床的淤积。设计年限内总淤积厚度可根据泥石流来源处的松散物质储量，并调查已稳定泥石流沟的淤积坡度、长度、侵蚀基面、排水基面等，综合分析，估计可能出现极限淤积厚度的变化规律，从而推断路线通过的泥石流沟极限淤积厚度，作为设计总淤积厚度，也可按下列公式计算：

$$H_n = K_2 N_S \bar{h}_n \qquad (11.2.3\text{-}1)$$

$$\bar{h}_n = \frac{\sum h}{N} \qquad (11.2.3\text{-}2)$$

式中：H_n——设计年限内总淤积厚度（m）；

K_2——淤积趋势系数，泥石流发展期取1.0～1.5，衰退期取0.5～1.0；

N_S——设计年限（a）；

$\bar{h}_n$——多年平均淤积厚度（m/a）；

$\sum h$——调查年限 N 年内的淤积总厚度（m），由观测、挖探或钻探资料求得；

N——调查年限（a）。

在泥石流河沟的沉积区，河床的淤积直接影响桥面和路肩高程的确定，由于影响泥石流河沟冲淤的因素很复杂，目前尚无合适计算方法，主要通过现场调查分析确定。本规范所列设计年限内总淤积厚度的估算式，亦要靠调查分析确定多年平均淤积厚度，才能较合适地得出设计年限内的总淤积厚度。

11.2.4 跨越泥石流河沟上的桥梁孔径，应根据其所在区段，地形条件，沟槽宽度，泥石流性质、流量、流势及其发展变化的规律综合考虑，并应符合下列规定：

1 在泥石流流通区跨越的桥梁，桥孔不得压缩沟床，不宜在沟中设墩。

2 在泥石流流通区和沉积区之间的过渡段跨越的桥梁，桥孔可压缩部分沟床，沟床压缩后，应修建调治工程。可在上游选择河沟宽度基本一致、流向较为稳定的河段，作为基本稳定段，按下列公式计算桥孔最小净长度：

$$L_j = \frac{n_2 I_1^{\frac{1}{2}}}{\mu n_1 I_2^{\frac{1}{2}}} B_1 \tag{11.2.4-1}$$

$$\mu = 1 - 0.375 \frac{\gamma_C \bar{v}}{10L_0 + (\gamma_C - 10)} \tag{11.2.4-2}$$

式中：L_j——桥孔最小净长度（m）；

B_1——上游基本稳定段沟宽（m）；

n_1、n_2——上游基本稳定段和桥位河段的糙率；

I_1、I_2——上游基本稳定段和桥位河段的比降（以小数计）；

μ——墩台水流侧向压缩系数；

γ_C——泥石流重度（kN/m^3）；

$\bar{v}$——泥石流断面平均流速（m/s）；

L_0——桥梁单孔跨径（m）。

3 跨越泥石流沉积区的桥梁，桥孔宜跨越泥石流主要活动范围。对稀性泥石流，在溢槽漫流的边缘地带，流量和流速又不大时，桥孔可适当压缩，但不宜超过10%～20%，并应做一定的排导工程。

泥石流河沟的流通区，又称流槽，一般断面比较窄深，河沟纵坡和流速均较大，河床有冲有淤，近于平衡。为保持沟床的自然状态，利于桥梁自身安全，在流通区段上的桥梁长度，通常采用桥位附近沟床的平均宽度，不作桥孔长度计算。在流通区和沉积区之间的过渡段，沟床宽度有可能大于泥石流所需的流动宽度，故允许桥孔压缩部分沟床。在沉积区为避免因建桥加剧淤积，规定桥孔宜跨过泥石流主要活动范围。

式（11.2.4-2）是对2002版式（10.2.4-2）修正而来，2002版与1991版均有错误，原公式为$\mu = 1 - 0.375 \frac{\sqrt{\gamma_C}\,\bar{v}}{L_0 + (\sqrt{\gamma_C} - 1)}$，$\gamma_C$以$t/m^3$计。现将该公式根

号去掉，并将 γ_C 的单位改为 kN/m^3，其计算结果较原式小些，是偏安全的，其数值范围可用。修正后的公式避免了计算中 γ_C 越小 μ 值越小，小到清水冲刷时无法计算。且与表 8.3.1-1 中的注 2 中 $\mu = 1 - 0.375\dfrac{v_s}{L_0}$ 相互协调。

11.2.5 桥面和路肩高程应按下列规定计算：

1 桥面高程应按下式计算：

$$H_{min} = H_b + h_{mc} + H_n + \Delta h_n + \Delta h_0 + \Delta h_j \tag{11.2.5-1}$$

式中：H_{min}——桥面最低高程（m）；

H_b——设计泥流位以下的河床平均高程（m）；

h_{mc}——设计流量时的泥石流平均流动深度（m），其值不应小于 1.5 倍泥石流波状流动时的波高及 1.5 倍最大块石直径；

H_n——设计总淤积高度（m），当设计洪水频率为 1/25 时，用 25 年的总淤积高度；当设计洪水频率为 1/50 时，用 35 年的总淤积高度；当设计洪水频率为 1/100 时，用 50 年的总淤积高度；

Δh_n——弯道超高值（m）；

Δh_0——桥梁上部构造建筑高度（包括桥面铺装高度）（m）；

Δh_j——安全值（m），一般采用 1.0m，在强烈泥石流区或条件许可时，可采用较大的数值。

2 引道路肩最低高程应按下式计算：

$$H_{min} = H_n + H_S + 0.5 \tag{11.2.5-2}$$

式中：H_{min}——路肩最低高程（m）；

H_S——设计频率的泥流面高程（m）。

河沟弯道上泥流面的超高按下式计算。

$$\Delta h_n = 2.3\frac{\overline{v}^2}{g}\lg\frac{R_{w2}}{R_{w1}} \tag{11-9}$$

式中：Δh_n——弯道超高值（m）；

R_{w1}——凸岸曲率半径（m）；

R_{w2}——凹岸曲率半径（m）。

11.2.6 墩台冲刷可结合现场调查分析确定。对稀性泥石流可按下列规定计算：

1 顺直沟槽段可按下式计算：

$$h_p = \frac{0.1q_s}{d^{\frac{1}{3}} h_m^{\frac{1}{6}}} \tag{11.2.6-1}$$

式中：h_p——一般冲刷后的水深（m）；

q_s——泥石流最大单宽流量［m^3/（s·m)］；

d——沟床泥沙平均粒径（m）；

h_m——最大泥深（m）。

2 弯道凹岸段可按下式计算：

$$h_p = \frac{0.17q_s}{d^{\frac{1}{3}} h_m^{\frac{1}{6}}} \tag{11.2.6-2}$$

目前泥石流的墩台冲刷机理尚不清楚，对稀性泥石流的一般冲刷参照本条所列公式计算。除此之外，可参照一般河流的冲刷公式计算，但均需结合现场调查分析确定。

跨越流通区的桥梁基础埋深，应考虑冲淤交替，分析其一次最大下切深度，跨越沉积区桥梁基础一般以泥石流沟的沟床现状作控制，并考虑在一定时限内可能的冲刷深度。当沉积区受大河切割搬运，引起泥石流沟床高程不稳定时，要考虑溯源侵蚀的形式造成一次冲淤变幅较大的特点。

11.3 平原低洼（河网）地区

11.3.1 水文调查应包括下列内容：

1 了解流域历史、现状和治理规划，收集流域河道、堤防、泵站、涵闸、防洪、分洪、排涝等规划报告、河道纵横断面设计资料及大比例尺地形图。

2 调查有关跨流域的规划，以及河网、圩区的分布；各圩之间、各河汊之间及其与主河道的联系和水流调节方向；滞（蓄）洪区、分洪区和堤闸的分布、设计标准及运用原则，以及历史上溃堤破圩和蓄洪、分洪情况与各种特征水位。

3 调查多沙河流的行洪滩地淤积情况，了解放淤引水能力。

4 对设有防洪堤的江、河，应调查桥位附近的堤防标准、最大安全排洪流量和防洪保证水位、防洪堤断面尺寸和构筑质量；调查历史最高洪水位和堤防间通过的最大流量；调查堤防溃堤破圩和漫溢情况；收集堤防出水口的河沟排水量及泵站排水等资料；实测堤顶最高、最低及堤防内河滩上最高积水高程；了解提高堤防标准的规划等。

5 在内涝区，尚应调查地形地貌、地质情况，圩内农田灌溉系统，河沟和湖塘的滞洪、蓄洪条件，水利设施、泵闸的排水能力，排涝沟渠遭遇外江、外河和外海水位顶托过程；最高内涝水位、历时和相应年份的降雨量。

6 对灌溉区，主要应调查灌溉系统的分布、调节水流的方向、排灌方式及水源等资料。对大型干渠、支渠，应向水利部门收集断面尺寸、最大灌溉流量及相应水位资料；兼有排洪的渠道，尚应收集渠道最大排洪流量及相应水位。

7 对综合利用的河网航道，尚应收集航道等级、最高与最低通航水位、设计最高洪水位与相应的流速、流量资料；调查通航规划及航道清淤情况等资料。

8 收集滞（蓄）洪区的滞洪高程、面积与容积的关系图表、进水退水率、分洪闸出流曲线及历次实测水文资料。桥位上游滞（蓄）洪区有预定的临时炸堤扒口分洪计划时，应收集其位置、分洪条件与分洪量，以及分洪后削峰塌平水位，炸堤时滞（蓄）洪区内积水高程、决口断面及最低点高程等。

第1款，条文中要求除收集一般资料外，还特别提出收集大比例尺地形图和河道纵、横断面资料，这是由于河网沼泽地区洪水变化大，一般以采用间接法推求流量为主，并用河道流量计算方法推求河道改变后的桥位设计水位和流速。对于收集泵站和涵闸的实测资料，由于平原地区水文测站较少，但修建的泵站和涵闸很多，大量分布在无资料的中小河流上，有一定的管理人员和部分的观测资料，很有参考价值，故条文中予以提出。

第2款，了解滞（蓄）洪区、分洪区和堤闸的设施和运用是河网沼泽地区勘测的一项重要内容。因为滞（蓄）洪区、分洪区的布置及口门位置，将会直接影响桥梁设计洪水的大小。堤闸的设施和运用原则往往会改变流域水文要素，会给桥梁带来控制性影响。

第3款，在多沙河流上为了减轻河槽内淤积，往往利用大面积滩地作为放淤区，于入口处修建引水闸将上游挟带的大量泥沙沉积在放淤区内，以解决下游河道的淤积问题。在这种放淤滩地内修桥，应了解引水渠及其引水能力，考虑淤积造成的水位抬高，桥梁设计时预留这项高度。

第4款，平原低洼地区为保护人民财产和生命安全的需要，地方往往筑堤束水，使一般中、小洪水在堤间行洪，被保护的一侧称堤内，反之称堤外或堤间。当洪水较大时将产生溃堤破圩或分洪，部分洪水分流至其他河流或调蓄于河滩低洼地，使溃堤、分洪口门上下游水文站实测洪水流量历年发生条件不一致。即有些年份较大流量没有溃堤分洪影响，有些年份则出现溃堤分洪影响；而且溃堤分洪的情况也不相同。堤线是否合适、有无三角回流地带，堤防内有无出水口和河滩上最高积水高程等，都与水文分析计算有关。防洪标准和保证水位、堤顶最高高程和远期有无加高改变的可能等，都与布孔、确定桥高有关。因此条文规定应对桥位附近的堤防进行调查。

第5款，内涝积水高度，主要与流域的降雨、地形、涝区形状、排水面积、蓄涝容积、植被情况、土壤性质、作物组成、水利设施和泵闸排水能力、遭遇外江、外河和外海水位过程等因素有关，对这些因素都应进行调查了解和适当予以考虑。

第6款，灌溉渠道是由大到小分为五级固定渠道和顺渠、腰渠等临时性渠道，干渠、支渠是引水渠道，其余属配水渠道，渠系是指末级固定渠道在内的各级渠道。引水灌溉与蓄水灌溉不同，它没有调节径流的能力，只能由灌溉水源引入灌区，而不能作时间上的调拨。渠道的过水断面、最大灌排流量与流向是桥孔设计的需要，故本条款作了明确的规定。

第7款，河网由基本河网和骨干河网组成。有的地区利用现有灌溉、排涝、排洪、引水干渠、运河、天然河道等排灌结合或部分结合或自成系统，称为综合利用河网航道。河网化主要是以蓄水为主，一般具有除涝、灌溉、航运等作用，但注意随着我国社会主义建设的发展和充分利用水资源，有些河网近期不通航，远期可能通航。

设计最高通航水位加通航净高系确定桥高的需要，设计最低通航水位是布孔的需要，设计最高洪水位与相应的流速、流量资料是确定最小桥长和基础埋深的主要依据。

天然河流和通航水利枢纽上、下游通航水位和净空的规定与航道等级有关，只要收集到航道等级证明材料，查阅相关规范即可。综合利用渠道上最高通航水位的确定，需根据渠道功能收集相应资料，如灌溉兼通航渠道，应收集加大10％的流量计算的水位作为最高通航水位；引水兼通航渠道，采用最大引水流量相应的洪水位作为最高通航水位；排涝兼通航渠道，采用设计最高排涝水位作为最高通航水位；排洪兼通航渠道，采用设计最高排洪水位或天然河道最高通航水位；运河上最高通航水位，可根据实地上的洪水痕迹或访问当地居民、船员得到的情况来确定最高水位。还有通航净空和清淤的调查，这些资料应收集齐全，否则影响桥高和基顶高程的确定。

11.3.2　水文计算应按下列规定进行：

1　内涝区的设计水位可按下列公式计算，排涝设计流量可按当地排涝公式计算，或采用水利部门提供的资料确定：

$$H_S = H + \Delta H \quad (11.3.2\text{-}1)$$

$$\Delta H = \frac{F\Delta h}{A_j} \quad (11.3.2\text{-}2)$$

式中：H_S——设计水位（m）；

H——历史最高积水位（m），现场调查确定；

ΔH——设计水位与历史最高积水位的差值（m）；

Δh——设计频率降雨量与历史最高积水位相对应的降雨量之差（m），求算各时段的设计频率年最大降雨量与历史最高积水位年份对应的年最大降雨量比较，取最大差值；

F——流域汇水面积（m^2）；

A_j——历史最高积水面积（m^2），在大比例尺地形图上，结合调查积水范围求得。

2　引水、排洪、通航渠道的设计水位与流量可按下列规定进行：

1）引水、排洪渠道的设计流量与水位可取渠道主管部门提供的最大引水流量或最大排洪流量及相应水位。无流量、水位资料时，可采用明渠均匀流公式计算。

2）通航河渠，有人工构造物调控水位时，可取用主管部门提供的最大流量和相应水位作为设计流量和设计水位；无人工构造物调控水位时，可采用调查最高水位，应用明渠均匀流公式计算设计流量。

3 滞（蓄）洪区及分洪道上的设计水位与流量，宜按本规范第 10.3.4 条的规定计算。

4 有防洪堤河道上的设计流量与水位应采用河道最大安全泄洪流量及相应的水位。有提高标准的规划时，可予以考虑。

第 1 款，内涝区的设计水位与流量。

（1）设计水位仍采用《公路工程水文勘测设计规范》（JTG C30—2002）的计算公式，该式是在《公路桥位勘测设计规范》（JTJ 062—91）的基础上修订而来。91 版公式主要考虑历史最高水位和百年一遇雨量的增量所增加的水位增量，但采用多长时段设计雨量未明确，统一规定百年一遇雨量的增量所增加的水位增量与公路等级无关。修订后的 2002 版，体现出设计洪水频率与公路等级有关。

（2）应用当地排涝公式推求桥位设计流量时，考虑桥位设计洪水与防洪排涝设计洪水在汇流与槽蓄方面的差异，当此项差异较大时，考虑流域行洪滩地蓄洪、滞洪以及分洪的影响。计算沟渠排涝流量可按下式计算：

$$Q=MF \tag{11-10}$$

$$M=KR^{m}F^{n} \tag{11-11}$$

式中：Q——沟渠排涝设计流量（m^3/s）；

M——排水模数［$m^3/(s\cdot km^2)$］；

F——排水沟设计断面所控制的汇水面积（km^2）；

K——综合系数，见表 11-5，暴雨中心偏上、净雨历时长、地面坡度小、流域形状系数小、河网调节程度大，K 值则小，反之则大；

R——设计径流深（mm）；

m——峰量指数，见表 11-5，排水状况较好，或排水状况一般但流域坡度较大者，m 值一般较大；排水状况较差，受回水影响的河渠，m 值较小；开挖后的河渠，排水条件有所改善，m 值一般比未开挖前增大；

n——递减指数，见表 11-5，大流域 n 值一般在 $-0.35 \sim -0.20$ 之间，小流域 n 值在 $-0.20 \sim 0$ 之间。

表 11-5　各地排水模数公式参数值

地　　区		适用范围（km^2）	K	m	n	设计降雨天数（d）
淮北平原地区		500～500	0.026	1.00	−0.25	3
河南省平原地区	豫南地区		0.030	1.00	−0.25	1
	豫东地区		0.117	0.85	−0.38	
	豫北地区		0.054	0.80	−0.30	
山东省沂沭泗地区	湖西地区	2 000～7 000	0.031	1.00	−0.25	3
	邳苍地区	100～500	0.031	1.00	−0.25	1
河北省黑龙港地区		>1 500	0.058	0.92	−0.33	3
		200～1 500	0.032	0.92	−0.25	3
河北省平原地区		30～1 000	0.040	0.92	−0.33	3
山西省太原平原区			0.031	0.82	−0.25	
湖北省平湖区		≤500	0.013 5	1.00	−0.201	3
		>500	0.017	1.00	−0.238	3
辽宁省中部平原区		>50	0.012 7	0.93	−0.176	3

有的蓄涝区全靠排涝站提排，其最大排水流量由当地有关部门提供。在蓄涝区内设有排涝沟渠和排涝站的，根据内外水位高低、沟渠和排涝站分布及所在地形位置和实际应用情况，考虑蓄涝容积调蓄后的流量加以折减，需要进行流量分配的则进行分配计算。

第 2 款，渠道、通航运河上的设计水位与流量。

我国很多平原地区，地势低洼，大小河流纵横交错，称为平原河网。河网分为：滨海感潮河网（如珠江三角洲），其河流下游直接与海洋相连，河网水流受外海潮汐影响，在外海潮汐和上游洪水的相互作用下，水流呈不稳定状态；联湖平原河网（如江苏、浙江的太湖流域平原），其河流直接连接大型湖泊，河网水流通过湖泊的调蓄，涨落缓慢，其自然的洪涝持续时间，在湖泊的影响下，一般较长；滨海联湖平原河网（如浙江的杭嘉湖平原），河流下游直接与海洋相通，上游河流又直接与湖泊相连，形成极其复杂的水流状况；内陆平原河网（如湖北江汉平原），河流下游与较大的河流相连，河网内部的水流状态仅受上游来水和河网本身的自然条件以及河网水流出口处较大河流流态、水位等影响；临河串湖平原河网（如江西省的赣抚平原），其上游通过有控制引水渠道或小河与外面江河相连，下游通过有控制的排水设施注入湖泊，这样河网的水流涨落取决于它本身引排的能力；独立平原河网（如安徽省的金宝围），其河流不直接与大型湖泊相连，它们自成一体系，或通排灌站，或通过有控制的排水河道与外面的大江大河相连，这样河网的水流涨落往往取决于它本身的电排能力。一般来说，不同类型的河网，采用的计算方法也不一样。概括地说，河网水流计算方法有两大类：一类是详算法，即对完整的不恒定流进行数值计算的方法；另一类是简化法，即将计算区域划分成若干区，每个小区为一计算单元。这两类型的计算法都很繁杂，计算工作量也很大。结合本专业的特点，采用条文所规定的方法，此法简单易行，容易掌握。有些渠道的水文资料无法取得，可根据实测的过水断面与比降资料按明渠均匀流公式计算。

第 3 款，位于滞洪区的桥位，影响水文计算的因素很多，其水文与桥孔计算非常复杂，需同时满足桥孔排洪计算式及水量平衡方程。而一般小桥非处在蓄、滞洪区内，也不需应用水量平衡方程，仅用临界流与淹没流状态的计算式即可求定桥孔净长。有的小桥采用护床提高流速缩短桥长，而大桥则不然，需考虑桥下冲刷问题，非一般采用小桥水文水力计算法所能解决的。

当分洪量充满滞洪区时，支流发生设计洪水相遭遇，其蓄排洪计算可采用列表试算法、半图解法或图解法进行。列表试算法无须作大量计算曲线，但每一时段需反复试算 2～3 次，用手算较麻烦，适用于方案不多、计算时段较小的情况；半图解法，当桥孔排洪曲线不多时，用该法只需作少量的计算曲线，较为简捷，但对无经验者并非易行；图解法虽可避免试算，但需作大量计算曲线，图解过程亦较烦琐，精度也稍差，一般用得少。

第 4 款，堤防是我国各河流平原河段防洪的主要措施。防洪标准一般是根据防护地区或对象的重要性结合技术经济条件来确定的。至于堤防的标准，可以根据防护对象的不同而分成若干段落，全河不尽一致。根据国家的财力、物力逐步加高培厚，经过若干年后，达到设计标准。

水利部门为保障河流地区两岸免除一定洪水威胁的设计堤防的洪水标准，一般只采用一个设计标准，不用校核标准。而过去采用洪水标准时又有三种做法：一是采用实际洪水，如淮河干流1955年以后，中游提高到防御1954年实际洪水；二是通过洪水频率计算，选取一定频率的洪水作为设计依据，如永定新河河道工程近期按50年一遇开挖，堤距则按100年一遇设计；三是以实际洪水或酌量提高，如长江干堤即按1954年最高洪水位分别提高0.08～0.82m。国家管辖的大江大河干堤一般另加安全超高1.5～2.0m，个别河段有的提高至2.5m，如珠江、黄河等。鄱阳湖、洞庭湖湖堤及入湖河段系按20年一遇洪水设计，另加安全超高；湖堤为2.0m，河堤为1.5m，其他中小河流一般采用1.0～1.5m安全超高。国家提出堤防防洪标准分为四个等级，见表11-6。

表11-6 城市的等级和防洪标准

等　级	重 要 性	非农业人口（万人）	防洪标准［重现期（年）］
Ⅰ	特别重要的城市	⩾150	⩾200
Ⅱ	重要的城市	150～50	200～100
Ⅲ	中等城市	50～20	100～50
Ⅳ	一般城镇	⩽20	50～20

经受1998年洪灾后，国家增加防洪基础设施投资，各地堤防工程远景规划有提高防洪标准的趋势，如Ⅲ等级城市提至100年一遇设计洪水标准，Ⅳ等级城市提至50年一遇设计洪水标准。特别重要城市、特别重要工矿企业区，以及影响范围很广、人口众多的农业区，要求在任何情况下都不能为洪水淹没。对于这类地区，应该有足够的防洪标准，在远期规划中考虑防御百年一遇以上，甚至千年一遇洪水，因此在等级Ⅰ地区桥梁设计洪水标准亦应提高。至于表11-4中其他三项防洪标准，比公路桥梁设计洪水频率低或接近，也就是说等级公路在这种防洪地区修桥，一般已可满足要求；非等级公路在这种防洪地区修建大中桥，若对防洪标准及堤防尚无加高计划，桥位设计流量与水位宜与当地有关部门协商解决。

11.3.3 桥孔设计应根据桥梁所处地理环境和不同的水文条件，分别按下列方法确定：

1 内涝区排涝沟渠上的桥梁，应根据设计流量与水位布设桥孔。桥孔不宜压缩过水面积，并应考虑远期发展的需要。桥面设计高程不应低于本规范第7.4节规定的计算值。

2 引水、排洪渠道上的桥孔不宜压缩过水面积。梁底高程应高出规划增高的渠顶高程，兼有航运任务的河渠，尚应考虑通航的要求。

3 滞洪区上的桥孔长度，应用水量平衡方程及桥孔出流公式联合求解；蓄洪区上的桥孔长度，应考虑桥前积水折减后的流量计算；分洪道上的桥孔长度，应以本流域流量加上分洪流量计算。桥孔不应压缩主流区和排洪河道的过水面积，桥前壅水高度不宜超过允许值。桥面设计高程不应低于本规范第7.4节规定的计算值，梁底高程不应低于堤顶高程。

4 有防洪堤河道上的桥孔最小净长，应以桥前允许壅水高控制。对远期可能拓宽河槽的，桥长应考虑一定的预留量；梁底高程应高出远期规划的堤顶高程。通航的河道尚应考虑通航的要求。

5 受下游人工建筑物或江河湖泊回水顶托时，应按回水顶托情况检算桥孔，并应充分考虑泥沙淤积的影响。

第1款，跨排涝沟渠的桥孔不宜压缩，并应考虑远期发展需要，桥前壅水要根据具体条件决定，壅水高了会影响排涝，造成危害。对于无堤防或堤防不高的排涝沟渠，其两侧应设分洪孔，以降低桥前积水深和缩短排涝历时，减少农作物和居民损失。

第2款，考虑到渠道在运行中可能出现气候剧变，需水或排水量增大，或是渠道发生事故，在停水后的短时间内要强迫通过较大流量，或是为了通过短暂的设计高峰流量，也需要用加大流量。加大流量是确定渠道堤顶高程的依据，加大流量等于正常流量乘以加大系数，加大系数根据渠道流量大小和重要程度而定。流量小的，加大系数大；流量大的，加大系数小。结合本款情况，采用加大10%流量计算的水位。为保证渠道过水安全，渠顶应高出渠水位一定数值，称安全超高。渠顶高出加大10%流量的计算水位安全超高一般可为0.60m。当用桥梁跨越渠道时，由于渠道断面多为梯形，故矩形断面桥孔会改变渠道断面，易引起上游淤积，下游冲刷。宜以单孔跨越加大流量相应设计水位的水面宽度，一般不压缩过水面积。运河上的桥梁，通航孔的布设应满足航道等级规定的净空尺度，以最低通航水位布孔，以最高通航水位确定桥高。桥轴法线与水流方向不一致超过 5°者，其桥孔相应加大。

第 3 款，跨越蓄洪区时，由于蓄水宽度较宽，且大部分流速极低甚至接近为零，桥孔不必沿整个宽度设置，应考虑桥前积水对流量的折减，桥前积水值根据蓄洪区的地形、农作物和村镇允许积水高程而定，尚应了解主流区位置并布设桥孔，主流区一般为原河道和排洪道或蓄洪区内带状低洼带等。

第 4 款，为保护下游重要城市、重要工矿企业区及江河沿线广大地区的安全，在河道适当地点修建分洪闸（进出），将超过河道安全泄量的洪峰流量，分流至河道附近的湖泊、洼地或预定滞洪区拦蓄起来，待洪水高峰过后，再由原处流回河道，谓之滞洪。平原地区由于河滩辽阔，滩槽高差较小，因此在天然情况下，遇较大洪水即漫槽四溢，或流窜至邻近流域另夺出路，或积蓄于河滩洼地。在实施水利化以后，为了减少两岸大片土地和村镇被淹和损失，常在河道两岸修筑坚固的堤防，束洪水于堤外河道，改变了洪水的天然状态。原先河滩调蓄的巨大影响消失，在相同的洪水情况下，河道通过流量将较天然情况增大，并称此为归槽流量，但两岸堤防由于各种经济和技术原因，只能达到一定的防洪标准，即堤防外河道仅能达到一定排洪能力，相应于不危及堤防安全的最大可能排洪能力称为河道安全泄量。若桥梁设计洪水流量小于此流量，即堤防的防洪标准高于公路桥梁设计洪水标准，此时全部洪水将从堤防外河道通过，因此可以直接按归槽流量和相应水位设计，桥孔仅需在堤防外设置即可。但若堤防防洪标准低于桥梁设计洪水标准，当洪水流量超过河道安全泄量时，两岸堤防将有溃堤的可能，堤外河道和堤内河滩将同时行洪，故此时存在如何分别确定堤内和堤外桥孔的设计问题。

（1）堤防外河道上桥孔设计

①特别重要及重要工矿企业区和特别重要及重要城市附近，由于堤防的保护对象在国民经济中占较重要地位，一旦溃堤失事，损失较大，故一般防洪标准较

高，多已超过或达到公路桥梁设计洪水标准，因此特大、大、中桥可选择归槽最大流量及水位设计。

②位于一般地区或城市附近的大、中桥，由于目前堤防标准均较低，如按公路桥梁设计洪水标准相应水位的归槽流量和水位设计，则不仅会造成公路和桥梁的巨大投资，而且也脱离当前当地的实际。为此考虑到两方面情况：一方面是我国大多数堤防的现状，另一方面是考虑到堤防逐年加高的现实。桥梁设计流量宜与当地有关部门协商解决。

③当桥头路堤或梁部结构穿越堤防时，若路肩低于堤顶，则堤防在该处成为凹槽，将成为防洪之薄弱点，一旦洪水位较高时，影响防洪，也将造成人为断道。所以根据实际情况和需要，将桥梁适当抬高。

(2) 堤防内河滩上桥孔设计

①若堤防标准较低，遭遇较大洪水溃堤后，堤内滩地将开始行洪。若历史上溃堤频繁，且分洪量较大时，则以集中设置分洪桥为宜；若分洪量较小，可考虑分散设置一定数量的小桥涵分洪。滩地分洪桥孔的设计流量应考虑分洪后滩地调蓄的折减，设计水位的确定应考虑分水后水位降低。考虑到在某些情况下滩地分配流量较困难，按桥梁设计洪水标准拟定河滩桥孔可能与实际要求出入较大，故要求满足当地排涝设计标准洪水的排涝要求，即按照当地排涝标准和相应流量检算桥孔的大小。

②在某些情况下不宜设置河滩分洪桥涵时，如河滩不稳定、河流易于改道等原因，则主槽桥孔应能满足桥梁设计标准洪水的实际流量安全通过的要求。所谓实际通过流量是指河槽调蓄折减后的流量，而不应按归槽流量设计。

第5款，当桥梁下游人工建筑物或江河湖泊的回水顶托时，要充分考虑泥沙淤积的影响，将改变桥位天然的水流和输沙条件，由此桥孔要按顶托出流情况计算。

11.3.4　桥下冲刷深度可按本规范第8章的规定和公式计算确定。基础埋置深度应考虑排除盐碱要求，对于远期有可能成为排涝沟渠的，基础埋深亦应考虑排除盐碱要求，同时尚应考虑防洪和开挖河道造成河底高程降低的影响。引水、排洪、排涝和灌溉渠道上的墩台基顶高程宜低于渠底高程0.20m。墩台基底最小埋置深度可按本规范第 8.6 节的规定确定。

11.4 岩溶地区

11.4.1 水文调查应包括下列内容：

1 调查汇水区地表水系、汇水面积、地下分水岭及其与地表分水岭的关系。

2 调查汇水区内溶泉、落水洞、溶盆、岩溶湖、暗河等各种岩溶形态的分布、形状、规模及截流的汇水面积。查明地下岩溶水的汇入、分出情况及对桥位河段洪水形成的影响。

3 实测岩溶上、下游洪水流量过程线、水位流量关系线及积水位变化过程线。

4 调查桥位河段历史洪水发生情况、汇水区历年降水量。

5 调查沿线岩溶区内既有建筑物的破坏、变形、修复、整治及运用情况。

在岩溶地区应重点调查其分布范围、形状、规模及截流汇水面积。由于岩溶一般隐蔽性强，表面上不易看清，因此，应加强勘测工作，为路线布设和桥涵的孔跨布置提供依据。

11.4.2 水文计算应按下列规定进行：

1 无岩溶影响时的设计洪水频率流量和流量过程线可按本规范第 6 章计算。洪水总量可按实测的典型流量过程线放大后求算，也可按下式计算：

$$W'_{\mathrm{p}} = 0.1\alpha H_{24\mathrm{p}} F \qquad (11.4.2\text{-}1)$$

式中：W'_{p}——设计洪水频率的洪水总量（$10^4\mathrm{m}^3$）；

α——径流系数，可用水利部门编制的数据；

$H_{24\mathrm{p}}$——设计频率的最大 24h 暴雨量（mm），可用水利部门编制的数据；

F——汇水面积（km^2）。

2 地表和地下径流分配系数可按下列公式计算：

1）地表径流分配系数：

$$p = \frac{Q_{\mathrm{b}}}{Q_{l}} \qquad (11.4.2\text{-}2)$$

或

$$p=\frac{W_b}{W_l} \tag{11.4.2-3}$$

式中：p——地表径流分配系数；

Q_l——各类岩溶消水前的洪峰流量（m^3/s）；

Q_b——各类岩溶消水后的地表洪峰流量（m^3/s）；

W_l——各类岩溶消水前的洪水总量（m^3）；

W_b——各类岩溶消水后的地表洪水总量（m^3）。

2）地下径流分配系数：

$$p'=1-p \tag{11.4.2-4}$$

式中：p'——地下径流分配系数。

3 岩溶消水能力可按下式计算：

$$\overline{Q}_x=\overline{Q}_l-\overline{Q}_b-\frac{\Delta W_j}{\Delta t} \tag{11.4.2-5}$$

式中：$\overline{Q}_x$——任一时段 Δt 内，各类岩溶的消水能力（m^3/s）；

$\overline{Q}_l$——在时段 Δt 内，各类岩溶消水前的平均来水量（m^3/s），可从上游实测来水流量过程线求得；

$\overline{Q}_b$——在时段 Δt 内，各类岩溶消水后的下游平均地表流量（m^3/s），可从下游实测消水后的地表流量过程线求得；

ΔW_j——在时段 Δt 内增加的积水体积（m^3），可从积水位 H_j 与积水体积 W_j 关系图上得出；

Δt——计算时段（s）。

4 设计流量、水位应按下列规定确定：

1）汇水区内的各类消水岩溶，设计洪水时其截流面积的水量能全部引入地下时，可采用扣除截流面积后的汇水面积计算设计流量。

2）汇水区内的各类消水岩溶，设计洪水时其截流面积的水量不能全部引入地下时，可按下式计算设计流量：

$$Q_p=Q'_p-Q_{pl}p' \tag{11.4.2-6}$$

式中：Q_p——设计流量（m^3/s）；

Q'_{p} ——无岩溶影响时的设计流量（m^3/s）；

Q_{pl} ——岩溶上游设计洪水频率的来水量（m^3/s）。

3）汇水区内有出水溶洞、泉水、暗河出口等来自其他汇水区的水量时，可在出水口做矩形堰或三角堰测定。可将出水量与汇水区流量直接相加。

4）汇水区内地表无明显溶洞，而有削减洪峰作用的溶沟、裂隙等岩溶形态时，设计流量的计算可视情况予以折减。

5）设计水位可按本规范第6.5节的规定确定。路线通过坡立谷、岩溶湖等积水洼地时，可按下式计算积水体积后再推算设计积水位。推算的设计积水位应与调查的历史洪水位相比较，当相差过大时，应作分析验证。

$$W_{j} = \sum \Delta t(\overline{Q}_{li} - \overline{Q}_{bi} - \overline{Q}_{xi}) \quad (11.4.2\text{-}7)$$

式中：W_{j} ——积水体积（m^3）；

$\overline{Q}_{li}$ ——设计流量过程线上 Δt 时段内的平均来水量（m^3/s）；

$\overline{Q}_{bi}$ ——从实测的积水位 H_{j} 与下游地表流量 Q_{b} 相关图上查得的下游地表流量（m^3/s）；

$\overline{Q}_{xi}$ ——从积水位 H_{j} 与消水能力 Q_{x} 相关图上查得的消水量（m^3/s）。

首先确定一般条件下（即无岩溶情况下）的设计频率的流量、洪水总量和流量过程线；通过观测、调查和分析计算，确定地表和地下径流分配系数，即全部径流中地表部分和地下部分的分配比例；通过洪水观测和分析计算确定各类岩溶的消水能力；根据水量平衡原理分析计算，进而确定设计流量和水位。

11.4.3 桥孔布设应根据溶洞、溶槽、漏斗和暗河的分布、发育情况确定，墩台位置宜避开岩溶点，严重的岩溶地区应绕避；桥孔长度、桥面设计高程可按本规范第7.2、7.4节的规定确定。

岩溶地区的桥跨布设，应根据溶洞、溶槽、漏斗和暗河的分布、发育情况确定。墩台位置宜避开岩溶点。严重的或水文条件复杂的岩溶地区，宜采用大跨径桥梁跨过或予以绕避。

11.4.4 墩台冲刷计算及基础埋深，可按本规范第8章的规定确定。

11.5 倒灌河段

11.5.1 水文调查应包括下列内容：

1 收集桥位以上无倒灌影响河段上的历年水位、流量、流速及桥位河段历年最高倒灌水位、河床比降、倒灌洪水涨落率及河段冲淤变化等资料。

2 收集倒灌区域地形图，并绘制桥前蓄水区水位—水面面积关系曲线图。

受大河倒灌影响的河段，其水流现象系属不稳定水流运动。因此，除按河流水文调查要求外，尚应根据受大河倒灌影响的河段要求，收集有关资料。

11.5.2 水文计算应考虑下列三种水流条件：

1 大河水流对桥位无倒灌影响，设计洪水频率的桥下流量和水位，可按本规范第6章计算。

2 桥位河流处在常水位，大河出现设计频率的洪水，受倒灌影响的桥下流量可按下式估算，桥下水位可取汇合口处大河的相应水位：

$$Q_g = \Omega \frac{\Delta H_g}{\Delta T} - Q_0 \qquad (11.5.2\text{-}1)$$

式中：Q_g——受倒灌影响的桥下流量（m^3/s）；

Q_0——桥位河流常水位时的流量（m^3/s）；

Ω——桥位上游蓄水面积（m^2），可从大比例尺地形图上量取；

$\frac{\Delta H_g}{\Delta T}$——桥位河流受大河倒灌的涨水强度，即蓄水上涨率（m/s），可利用大河观测站的水位资料，以较高水位时的上涨速度代替。

3 受大河设计频率洪水倒灌影响但开始退水，桥位河流出现设计频率洪水时的桥下流量，可按下列公式估算；桥下水位应根据汇合口处大河设计洪水频率的水位，由推算回水曲线确定。推算的桥下水位高出与设计洪水频率相近的历史倒灌水位过多时，应适当调整汇合口处大河倒灌水位及退水过程线，重新计算桥下流量，推算桥下回水位，直到与历史倒灌水位相接近。

$$Q_q = Q_p' + \Omega \frac{\Delta H_t}{\Delta T} \qquad (11.5.2\text{-}2)$$

$$Q'_{\mathrm{p}} = Q_{\mathrm{p}} \frac{W_{\mathrm{p}}}{W_{\mathrm{p}} - W_{\mathrm{a}}} \tag{11.5.2-3}$$

$$W_{\mathrm{a}} = W_{\mathrm{j}} - W_0 - W_1 \tag{11.5.2-4}$$

式中：Q_{q}——桥下流量（m^3/s）；

Q_{p}——桥位河流无倒灌影响时的设计流量（m^3/s）；

Q'_{p}——增陡流量（m^3/s）；桥位上游两岸地形较陡的非宽滩河流，其蓄水体积有限时，可取 $Q'_{\mathrm{p}} = Q_{\mathrm{p}}$；

$\frac{\Delta H_{\mathrm{t}}}{\Delta T}$——桥位上游蓄水下降率（m/s），可利用大河洪水位退水过程线确定；

W_{p}——桥位河流设计洪水体积（m^3），可根据无倒灌时的设计流量过程线求得；

W_{a}——桥位上游河床预先蓄水体积（m^3）；

W_{j}——桥位上游蓄水体积（m^3），可根据大河在设计频率洪水时的桥下倒灌水位，从地形图上求得；

W_0——桥位至上游河槽常水位等于倒灌水位的区段内，河槽常水位以下的蓄水体积（m^3）；

W_1——桥位至上游无倒灌影响时的设计洪水位等于倒灌水位的区段内，设计洪水位以上的蓄水体积（m^3）。

在支流上的桥梁，若受大河倒灌影响，桥前产生积水，在此期间支流发生洪水而干流洪水又急剧下降，此时桥前积水体积将使泄量加大。当壅水超过天然洪水的最高水位时，才会出现流量过程线的增陡，这与河段末尾断面内洪水通过历时的缩短有关。对于增陡程度的彻底求解，以及增陡流量的精确计算，还有很大困难，所以采用近似的估算方法还是可以的。假设桥位断面通过的增陡流量为 Q'_{p}，其过程线的形状与天然洪水的流量 Q_{p} 的过程线形状差别不大，显然，过程线的纵坐标增大的倍数与该次洪水总量 W_{p} 大于该次洪水总量减去预先蓄水的体积 $W_{\mathrm{p}}-W_{\mathrm{a}}$ 的倍数相等。当桥位上游河滩辽阔、泛滥面积很大，即蓄水体积很大和洪水总流量较小时，增陡流量才比天然流量有较大的增长。反之，河流两岸地形较陡的非宽滩河流，其蓄水体积有限，这时增陡流量比天然流量增大很少，可以忽略不计。跨越支流的桥梁，当受大河洪水倒灌影响时，根据大河和支流涨、落水时间不同，可考虑如下三种情况：

(1) 大河无倒灌，支流出现设计流量时，与一般河流一样，桥下流量采用支流设计流量。

(2) 支流无水或为常水位，大河出现设计流量，向支流倒灌，桥下流量应为倒灌流量与支流的常水位流量之差。

(3) 大河倒灌后急剧退水时，支流出现设计流量，桥下通过流量为支流增陡流量与退水流量之和。

11.5.3 桥孔设计应按下列规定进行：

1 应根据本规范第 11.5.2 条第三种水流条件计算流量，并按本规范第 7.2 节的规定确定桥孔长度。

2 桥面设计高程应按本规范第 7.4 节的规定确定。控制桥面高程的设计水位，应根据本规范第 11.5.2 条第三种水流条件推算桥下回水位。

受大河倒灌影响的桥孔设计，其桥长可根据桥位所在河段分类采用相应公式计算，设计流量可按大河倒灌后急剧退水，同时支流出现设计流量时计算，桥高以调查或实测的倒灌水位控制。

11.5.4 墩台冲刷及基础埋深计算应按下列规定进行：

1 应根据本规范第 11.5.2 条三种水流条件分别按本规范第 8.3、8.4 节的规定计算墩台冲刷深度，取不利的计算结果，作为基础埋深依据。

2 对本规范第 11.5.2 条中第二种水流条件的一般冲刷，应按清水冲刷（无底沙运动）条件计算。

3 基础埋深应符合本规范第 8.6 节的规定；同时，应考虑大河河床自然演变冲刷对桥下河床下切的影响。

11.6 潮汐河段

11.6.1 水文调查与勘测应包括下列内容：

1 调查桥位河段潮汐现象的特点及水流受潮汐影响的程度。

2 调查桥位河段历史最高潮洪水位及相应潮差，收集历年实测潮洪水位及潮位过程线、流量、潮流速及流速过程线、风暴潮、观测断面等资料。无实测水位、流量等资料时，应在桥位断面及河口附近进行水位连续观测，观测时间不宜短于1年。

3 收集桥位河段历年河道地形图、航道图以及桥位附近历年河道断面图。无河道地形图时，应按现行《公路勘测规范》（JTG C10）要求测绘；无河道断面图时，应按本规范第5.3.1条的规定测绘，并调查历年河道变迁及冲淤情况。

4 收集桥位上、下游水工建筑物的设计和现状，河段的航道标准和整治规划等资料。

5 有封冻及流冰情况时，应调查收集冰块尺寸，冰层双向移动和上、下浮动资料。

6 调查海水碎浪高度及风浪的侵袭高度。

第1～2款，对潮汐现象的特点及潮汐洪水特征值说明如下：

（1）最大潮流量

由于潮波海水的水质点系进行波动运动，潮波的振幅比波长小得多，水质点水平运动比垂直运动要大得多，这样的水质点在水平方向的流动，叫潮流。涨潮时的潮流称为涨潮流，落潮时的潮流称为落潮流。在半日潮明显地区，一天要发生四次转流，但在特殊情况下，亦有一天转流两次的。最大流速的日变化大潮时最强，小潮时最弱，因此选每年的最大潮流量，可以在年内大潮时挑选。

（2）最大潮洪流量

主要指历年本河洪水潮流相遇的不同组合，它随着外海的潮差大小和内河径流大小的变化而不同。

（3）最高、最低潮位，最大潮差

潮汐是由月球和太阳引力作用引起的海面升降运动，在一般情况下每昼夜有两次涨落，海面涨至最高水位称为高潮，落至最低水位称为低潮。从低潮至高潮叫涨潮，从高潮至低潮叫落潮。相邻高低潮的潮位差叫潮差。

（4）潮型

潮水位随时间变化的曲线叫潮型，每天两个高潮中较高的高潮称为高高潮，较低的高潮称为低高潮；同样有高低潮和低低潮之分。在一天中两次高潮、两次低潮相接的潮型称为半日潮。在日潮不很显著的地区，低高潮及高低潮几乎消失，变成一日只有高潮及低潮，此潮型称为全日潮，介于半日潮和全日潮之间的潮型称为混合潮。

（5）涨、落潮历时

应选取每年最高潮时的涨潮历时和落潮历时，计算全潮历时和潮差，以便求得多年平均全潮历时和平均潮差，借以放大潮型为计算频率的潮位过程线，为推算设计频率的流量过程线和流速过程线。

（6）潮流速

潮流速是指潮流从海面高处流向低处的流速，一般在实测资料中每年选取一个较大的变化过程，无实测资料可采用一般经验公式估算。

（7）风暴潮

包括台风风暴潮及连续刮风增水引起的风暴潮两类。由于以台风中心向海岸推进所造成的涌浪而引起的平均水位开始上升，继而进入台风区内，就出现水位上升速度大的风暴潮的主体部分，包括潮峰在内的水位变化速度大的部分，叫台风风暴潮。

由于连续刮风的海面产生切应力，随之引起海水的质量输送，如海水向着海岸并在那里堆积，从而形成连续刮风增水风暴潮。

根据观测资料，风暴潮与气象潮相遇加上河道适当涨水，是灾害性、破坏性强的最不利条件。由于风暴潮和气象潮从观测资料中不易划分，故仍以年内最高潮位作为样品。

在收集资料中增加了潮位过程线及潮速过程线的要求，这是因为潮汐区域的冲刷计算，理论尚不完全成熟，主要通过水工试验获得，潮位过程线及潮速过程线是进行潮汐冲刷水工试验所必需的控制水文条件。

11.6.2　水文计算应按下列规定进行：

1　桥位位于潮汐河段的上游区段时，其设计流量、设计流速可按一般无潮汐影响河段的办法计算，设计水位应考虑汛期不利频率组合的潮汐顶托影响。

2　桥位位于潮汐河段的下游区段时，应选择典型潮型，确定设计潮水位过程线，并在潮区界以上选择可能发生的不利频率组合的流量过程线，采用非恒定流的方法，计算桥位处的各设计值。

3 桥位位于潮汐河段的中游区段时，应按洪水与潮水可能相遇的不利组合的设计频率，计算桥位处的各设计值。

4 具有不少于20年实测流量、水位资料时，可应用皮尔逊Ⅲ型或极值Ⅰ型频率分布曲线，推求设计水位、设计流量，选用典型年过程线，推求设计水位、流量过程线。

5 只具有连续5年以上，不足20年实测水位资料，但邻近测站具有20年以上实测水位资料，且两地的潮汐性质、受河流径流（包括汛期）的影响、增减水影响等条件均相似时，可采用极值同步差比法按下式推算设计水位：

$$X_{sy}=A_{Ny}+\frac{R_y}{R_x}(X_{sx}-A_{Nx}) \tag{11.6.2-1}$$

式中：X_{sy}——计算断面处设计水位（m）；

X_{sx}——邻近测站的设计水位（m）；

A_{Ny}、A_{Nx}——分别为计算断面及附近测站的年平均海平面高（m）；

R_y、R_x——分别为计算断面及附近测站同期各年最高（低）潮位平均值与平均海平面的差值（m）。

6 不具备以上第4、5款条件时，应进行水位连续观测，观测周期不应少于1年，并按下列公式计算设计高（低）潮位值：

$$H_S=H'_S\pm K_k \tag{11.6.2-2}$$

$$H'_S=A_N\pm(0.6r+K') \tag{11.6.2-3}$$

式中：H_S——设计高（低）潮位值（m）；

H'_S——按短期观测资料推求的高潮累积频率10%或低潮累积频率90%的潮位值（m）；

K_k——常数，可采用表11.6.2中潮汐性质、潮差大小、河流影响以及增减水影响都较相似的附近港口相应的数值；

A_N——年平均海平面高（m），可由短期观测资料经月份订正后求得；

r——短期观测资料中的平均潮差（北方港口不应用冬季潮差）（m）；

K'——常数，可采用0.4m。

表 11.6.2　K_k 值（m）

所在地区		水位		所在地区		水位	
海域	站位	极端高水位	极端低水位	海域	站位	极端高水位	极端低水位
黄海、渤海	海洋岛	0.8	1.4	东海	西泽	1.2	1.1
	大连	1.0	1.6		海门（浙江）	1.4	0.8
	鲅鱼圈*	1.0	1.3		大陈*	0.9	1.0
	营口	1.1	1.5		坎门	1.6	0.9
	葫芦岛	1.0	1.5		龙湾（福建）	1.4	0.9
	秦皇岛	1.0	1.6		沙埕*	1.1	1.3
	塘沽	1.6	1.8		三沙*	1.1	1.3
	龙口	1.6	1.5		梅花*	1.0	1.1
	烟台	1.1	1.2		马尾	1.4	1.0
	乳山口	0.9	1.3		平潭*	1.3	1.0
	威海	1.1	1.1		崇武	1.3	1.0
	青岛	1.2	1.3		厦门	1.5	1.0
	石臼所	1.2	1.2		东山	1.0	0.9
	连云港	1.5	1.2	南海	汕头	2.3	0.7
	燕尾	1.1	1.2		汕尾	1.3	0.7
东海	吴淞	1.6	1.0		赤湾	1.1	1.0
	高桥*	1.4	1.0		泗盛围*	1.1	0.7
	中浚	1.3	1.0		黄埔	1.0	0.7
	大戢山	1.0	1.1		横门*	1.3	0.6
	绿华山	1.0	0.9		灯笼山	1.2	0.6
	金山嘴*	1.2	1.4		大万山*	0.9	0.7
	滩浒*	1.5	1.4		黄冲*	1.3	1.0
	镇海	1.5	0.9		黄金*	1.2	0.8
	长涂*	1.1	1.0		三灶*	1.1	0.8
	沈家门*	0.8	1.0		闸坡*	1.2	0.8
	湛江	2.4	0.9		八所	0.9	0.8
	硇洲*	1.3	0.9		湘洲*	1.0	1.1
	秀英	1.8	0.7		石头埠*	1.1	1.4
	清洪*	1.2	0.6		北海	1.1	0.9
	榆林*	0.9	0.6		白龙尾*	1.3	1.1

注：1. “*”表示该站采用条件分布联合概率的计算结果。

2. K_k 值重现期为 50 年。

根据《海港水文规范》（JTS 145-2—2013）附录表 C.0.4，我国沿海有 50 年以上验潮资料的大连、秦皇岛、吴淞、上海、马尾、厦门等港口，分别采用 15 年、20 年、30 年的资料进行分组计算，并与按全部资料年数的计算结果对比，用 20 年资料计算与用全部年数的计算结果对比，相差一般在 20cm 范围以内，因此规定在频率分析时，资料年数不少于 20 年。

按本规范第 6 章有关规定计算出各水力因素的设计值后，采用峰值倍比放大可推求各水力因素的设计过程线。

流速设计值包括设计条件下断面平均流速和各水深垂线平均流速，垂线平均流速参照下式计算：

$$v_1 = \overline{v}\,(h_1/\overline{h})^n \tag{11-12}$$

式中：v_1——设计流量时最大或某一水深相应的垂线平均流速（m/s）；

$\overline{v}$——设计流量时断面平均流速（m/s）；

h_1——设计流量相应水位时的最大或某一垂线水深（m）；

$\overline{h}$——设计流量相应水位时的断面平均水深（m）；

n——指数；可根据实测资料统计分析求得，若无资料时，视具体情况在 1/6～2/3 之间采用；对于有涌潮和潮差大的河段，根据浙江省河口海岸研究所利用钱塘江河口的实测资料分析，可采用 $n \approx 1.0$。

注：水深计算时，宜用设计流量时可能发生的最低水位。在此处要按一般无潮汐影响河段的办法来计算设计流量的相应水位。

对缺少资料和无资料地区计算桥位或河口站的水力因素设计值的计算方法，参照现行《港口工程技术规范》（海港水文）中的计算公式，结合潮汐河段桥梁的具体情况而定。

鉴于桥位或河口站缺少或无实测资料，不得不采用相似河段或附近站资料推算到桥位处，故算得的设计值精度是较差的，在确定设计值时，慎重选用。

11.6.3　桥孔设计应按下列规定进行：

1　位于潮汐河段的上游区段，可按天然状态下的桥孔设计方法确定桥孔长度。

2　位于潮汐河段的中、下游区段，可按本规范式（7.2.1-1）、式（7.2.1-2）

计算值乘以1.05～1.15系数确定桥孔最小长度，但不宜小于多年平均低潮水位时的水面宽度。

3 位于挡潮闸附近或围垦影响区段的桥孔设计，应考虑建闸或围垦前后历年河道及水文情况的变化，特别是关闸时水位局部突然壅高或降低及围垦后对水位变化的影响。

4 有封冻及流冰时，应考虑水流往复流动的作用，桥孔布设不应阻碍冰块的排泄。有大型冰块浮动时，桥墩应有抗冰压或破冰措施。

5 桥下净空及桥面设计高程应符合本规范第7.4节的规定，并应考虑海水碎浪高度对桥梁结构溅蚀的影响。

第2款，受潮汐影响的桥梁孔径设计，由于流态复杂，目前尚无成熟的理论和计算方法。本条中的经验处理方法，主要是根据福建省受潮汐倒灌影响的已建桥梁的统计资料编写的。

第3款，在挡潮闸附近或受围垦影响区段内的桥梁，由于建闸或围垦前后河道的水流和泥沙运动都发生了极大变化，分属于有人工建筑物与天然条件两种不同状况，因此建闸或围垦前后的资料要分别对待，找出各自的规律。一般来讲，当桥梁建在挡潮闸附近时，大多数情况是：挡潮闸已经建好或即将兴建，因此可向建闸或闸的管理单位索取有关闸的设计和运用资料，作为桥梁设计的重要依据。若无该项资料，或者闸的标准较桥梁设计标准为低时，要调查关闸和提升挡潮闸时各有关水力、泥沙因素的变化，同时还要考虑建闸前较长年代中出现的不利情况是否可能重演及其在建闸后的变化，这些因素都需在桥梁设计时予以计及。若在桥位下游河口处，有上级机关批准的大片围垦缩窄河口的规划，并已着手进行初步设计时，则桥梁设计对围垦缩窄后河床的再调整和对桥梁的影响应予考虑。

第4款，潮汐河段上有封冻及流冰时，应注意水流往复双向流动的作用。当有大型冰块流动时，应考虑桥墩是否需设双向防冰或破冰设施，其桥孔布设应以不阻碍冰块的宣泄为原则。

第5款，潮波在进行中，往往在冲击桥墩后变成碎波，碎波高度比波浪高要高得多，但目前对碎波冲击高度尚无计算办法，一般应根据调查资料确定。根据目前资料，海水中的钢管，其腐蚀最严重的部位即在碎波冲击处（飞沫带），每年达 0.3～0.5mm。因此对钢梁桥及钢支座的碎浪溅蚀部位，应采取防护设施。

11.6.4 桥梁的一般冲刷和局部冲刷可按本规范第 8 章的有关公式计算，应考虑设计条件下各种情况的组合以及潮汐水流对冲刷的影响。水文、水力条件复杂时，可通过水工模型试验确定。

国内对潮汐作用下的冲刷有两种不同的研究结论：一种认为潮流作用下，反向流供给泥沙，使得潮流作用下最大冲刷深度小于单向流，潮流冲刷深度为单向流冲刷深度的 75％～90％；另一种观点则认为，潮流与单向流作用相比，两者的最大冲刷深度基本是一致的，只是潮流需要更长的时间达到最大冲刷平衡深度。根据实测的番禺大桥资料，结合苏通大桥、泰州大桥等多个工程的试验值与计算值进行对比，认为第一种结论更为合理。

根据美国 2000 年颁布的《潮汐河道的冲刷》，认为潮汐河段与非潮汐河段有着相同的冲刷机理。潮汐河段合成流大小可用河流洪水与最大潮流（风暴潮）相叠处理。最大冲刷值可采用河流的（单向流）冲刷公式，但不能预测历时演变过程。

广东省公路勘察规划设计院股份公司与珠江水利科学研究院合作完成的《潮汐河段和海湾地区桥梁局部冲刷研究》表明如下两点：

（1）潮流和恒定流作用下桥墩周边局部冲刷过程均取决于冲刷坑内输沙量的变化，由于潮流过程中有效流速作用的有效时间减小，导致有效输沙量的大幅度减小，从而使潮流作用下总体冲刷过程延长，与单向稳定流相比，在潮流作用下冲刷达到平衡需要的时间更长。

（2）潮流作用下桥墩周边局部冲刷最大深度取决于涨落潮最大流速和历时，涨落潮最大流速和历时决定了冲坑发展的速率和达到最大冲深的可能性，在潮流速度值较大且落潮历时占优的情况下，将取得与恒定流一致的局部最大冲深。为此在计算桥墩局部冲刷深度时，为安全起见仍以潮流涨落急流速代替恒定流的平均流速，采用本规范推荐的恒定流作用下的计算公式进行计算。

在潮汐河段上，桥梁冲刷一般除按非潮汐河段的桥梁冲刷公式计算外，尚应对桥位河段历年的冲淤变化进行调查，分析既有建筑物的冲淤情况，同时尚需考虑往复流不同于一般单向河流，其洪水和泥沙运动对河道的冲淤影响，以及海水入侵后，盐水对泥沙的絮凝作用所引起的影响。根据调查分析结果，再行确定潮汐河段上桥梁的冲刷数值。必要时进行水工模型试验确定。

11.7 海湾地区

11.7.1 水文调查与勘测应包括下列内容：

1 调查桥位区域海流现象的特点，包括流型、流速、流向、流量、潮位、风速、风向、余流、悬沙等。

2 调查桥位区域历史最高潮水位、最低潮水位、平均高潮位，平均低潮位，及各潮位相应潮差，收集历年实测潮洪水位、流量、潮流速、风暴潮、观测断面等资料。无实测水位、流量等资料时，应在桥位断面附近进行水位连续观测，观测时间不宜短于1年。

3 调查桥位区域海水的重度、盐度及化学组成。

4 调查桥位区域历史海冰情况，包括海冰形成时间、厚度、抗压强度及范围，流冰时的冰块尺寸，冰层双向移动和上、下浮动资料。

5 调查海水碎浪高度及风浪的侵袭高度。计算设计波浪时应收集每年实测的最大大波平均波高 $H_{1/10}$ 、波长、周期、波向、测波浮筒处的水深、海图。

6 收集桥位区域历年水下地形图、航道图、航道标准。无水下地形图时，应按现行《公路勘测规范》（JTG C10）要求测绘，并调查历年海底变迁及冲淤情况。

7 收集桥位附近水工建筑物的设计、现状和整治规划等资料。

海湾地区水文调查与勘测包括的内容是从我国已建成的杭州湾大桥、青岛海湾大桥、东海大桥及在建的港珠澳大桥等所进行的水文分析研究资料中总结出来的，是设计施工等环节所必需的资料。本条所述内容为近海的海湾地区，外海或深海应进行专门研究。

第1款，所称的海流。是一种综合性流，即各种类型海流的合成流动。近岸海流一般以潮流和风海流为主，在某些情况下，其他类型的海流也相当显著，如由于波浪破碎产生的沿岸流和离岸流等。海流特征值应根据现场实测资料经分析后确定。对于建桥后的海流状况，可用数学模拟或物理模型试验等方法预测。

第3款，海水的盐度会影响淤泥和黏土的输移，使泥沙絮凝和沉积，影响河床的稳定。

第4款，海冰主要发生在渤海、黄海北部和辽东半岛沿岸海域，会阻航并对桥墩结构产生破坏。

11.7.2 设计水位应符合下列规定：

1 海湾地区桥梁设计水位宜采用重现期为300年一遇的高潮位。

2 推算潮位时，应根据收集的附近测站历年的最高潮位值与各基准面间的相对高差值，不同重现期的高潮位值可采用耿贝尔方法即第Ⅰ型极值分布律推算。

3 设计潮（水）位频率统计，应有完整的一年或多年实测潮位资料。新建桥位若潮位实测资料不足一整年时，可与附近有一年以上验潮资料的港口或验潮站进行同步相关分析，可采用“短期同步差比法”求得设计潮位值，并应继续观测，对上述计算值进行校正。

跨海湾大桥一般为特殊重要的建筑物，其设计水位应由海潮潮位来确定。在目前已建海湾桥梁中，泉州湾跨海大桥、厦门海沧大桥等采用了100年一遇高潮水位；金塘大桥、崇启大桥、嘉绍大桥、杭州湾大桥、青岛海湾大桥等采用了300年一遇高潮水位。总体而言，国内跨海桥中采用300年一遇设计高潮水位标准者较多。考虑到海湾桥梁的重要性以及在海湾地区设计潮水频率对设计水位影响很小的特性，本次海潮潮位频率标准与径流河流桥梁的300年一遇设计洪水频率标准取用一致，对有特殊要求者，可经过经济技术论证后确定。

11.7.3 设计波浪应符合下列规定：

1 设计波浪的重现期宜采用100年一遇。实测波高大于规定重现期的同一波列累积频率的波高时，可按实测波高计算。推算出的波高大于浅水极限波高时，可采用极限波高。

2 桥位或其附近有较长期的波浪实测资料时，可采用分方向的某一累积频率波高的年最大值系列进行频率分析，确定不同重现期的设计波高。

3 波高的频率曲线可采用皮尔逊Ⅲ型或极值Ⅰ型分布曲线，也可选配其他理论频率曲线确定不同重现期的设计波浪。

4 桥位或其附近有完整一年或几年的短期波浪实测资料，且具有实测大波资料时，设计波浪可用全部观测次数不分方向的某一累积频率的波高，并与其他方法计算的结果相互比较分析后确定。

5 桥位及其附近均无测波资料时，对海湾和河口区域，设计波浪要素宜采用风速推算波浪的方法；对开敞式海岸区域，宜采用外海波浪资料，通过浅水变形计算确定。

设计波浪标准包括：设计波浪的重现期和设计波浪的波列累积频率。跨海桥梁采用300年一遇的高潮水位加100年一遇的波高，这种设计组合遭遇的机会是比较少的，具有足够的安全度，这就是波高的重现期标准。波浪传播至一定深度的浅水区时会发生破碎，此时若计算波高大于浅水极限波高时，采用极限波高。

在进行设计波高或周期的频率分析时，要求实测波浪资料中一定要包含有台风大浪或寒潮大风等引起的大浪资料，这样得出的结果才比较准确。

11.7.4 桥孔设计除应符合本规范第4.3.5条的规定外，尚应符合现行《通航海轮桥梁通航标准》(JTJ 311)的相关规定。桥下不通航的桥梁，其桥面设计高程不应低于设计频率高潮位加设计波浪高加0.5m安全值再加桥梁上部结构建筑高度。桥下通航的桥梁，其桥面设计高程不应低于设计最高通航水位加通航净空高度再加桥梁上部结构建筑高度。

11.7.5 桥位的海床自然演变冲刷，应根据实测地形图分析近年来桥位附近海域的海床自然演变所引起的冲淤变化。一般冲刷和局部冲刷应同时考虑洪水与潮流作用下的冲刷和波浪与潮流共同作用下的冲刷，并取不利值。水文、水力条件复杂时，可通过水工模型试验确定。

现有研究表明：当波浪和潮流共同作用时，桥墩局部冲刷深度比没有波浪作用的水流冲刷深度约增加10%，两者的冲刷形态相近。

12 调治工程

12.1 一般规定

12.1.1 为使桥孔顺畅地排水输沙，减轻桥位附近河床和河岸的不利变形，或为抵抗水流对路基边坡的冲刷，均应设置必要的调治工程。

桥位调治构造物是在桥位及其上、下游附近河段上修建的导引水流，改善桥位河段水流条件，使桥孔通畅排水、输沙和稳定桥位河段，保证桥梁及桥头引道安全运用的河道整治建筑物。对于沿河及受水浸淹的路基，调治构造物的作用，主要是抵抗水流对路基边坡的冲刷与淘刷。

12.1.2 调治工程应结合河段特性，水文、地形和地质等自然条件，通航要求、水利设施等情况，根据调治目的，综合考虑高中枯水位对两岸及上、下游河床变形的影响，确定其总体布设。

影响调治构造物布设的因素，除河道本身的水、沙动态条件外，还涉及交通、水利、农业等不同需求。计算后还应结合桥位或沿河路基河段的具体情况，作适当调整，才能取得较好的效果。为此，在条文中作了综合考虑的规定。

12.1.3 调治工程的设置方案应与桥孔设计统一考虑，进行多方案技术经济比较，不应片面强调长桥短堤或短桥长堤。

实桥运用经验表明，设计桥孔长度偏小，洪水时桥下河床大量冲刷，墩台冲刷增大，基础埋深增加，同时桥前壅水加大桥位上游区段内泥沙沉积，从而助长洪水主流摆动，威胁调治构造物的安全。设计桥孔偏大，桥下可供排水输沙的宽度超过实际需要，桥梁不能成为一个约束水流，控制河势变化的人工“节点”，这时若只是简单地顺着两侧桥头布设调治构造物，洪水进入调治区仍易形成来回摆动的股流，顶冲淘刷调治构造物，桥下部分河床产生淤积。要保证桥梁和引道的安全，应增大调治构造物的规模，这与我国古代治黄的经验“狭滩受水水益悍，广滩为岸岸善崩”是相吻合的。

12.1.4 导流堤的设计洪水频率应与桥梁的设计洪水频率相同。其他类型的调治工程的设计洪水频率标准，可视工程重要性而定。

导流堤为非淹没式，它与桥梁直接连接为整体，是桥位整体中的最重要部分，其设计洪水频率规定与桥梁相同。如导流堤的设计洪水频率标准低于桥梁引道的标准，则桥梁遇到设计洪水时，将会因导流堤的淹没而导致桥梁水毁。

12.1.5 位于河槽内的调治构造物基底应埋入总冲刷线以下不小于1m；位于河滩时应埋入总冲刷线以下不小于0.5m。不能达到要求的深度时，应设置平面防护工程。

条文中规定的调治构造物基础埋置深度安全值，主要是考虑工程的重要性（冲毁后可能造成的灾害程度）及其规模（修复的规模和难易）。对于细颗粒次稳定和不稳定河段，考虑到它处于平原区所涉及的面广、影响大的情况，适当增加基础埋深。

12.2 导流堤布设及冲刷计算

12.2.1 单侧河滩的河道，桥梁引道阻断的流量占设计总流量的15%，或双侧河滩，以中泓线将设计总流量分为两部分，桥梁的一侧引道阻断的流量占该侧流量的15%时，宜设置导流堤；小于15%，但阻断流量的天然平均流速大于1.0m/s时，宜修建梨形堤；小于5%时，可加固桥头锥坡。

12.2.2 在山前冲积漫流河段的上游出山口附近，可布设封闭式导流堤；在中游扩散区段，不宜布设长大的封闭式导流堤，强行约束水流；一河多桥时，两桥间可设桃形导流堤、分水堤或加固路基。

12.2.3 在山前变迁性河段及平原游荡河段上，桥孔压缩河床时，视水流及河段条件可布设封闭式导流堤。

12.2.4 导流堤的平面形状和尺寸，应通过计算拟定，并结合上下游导流堤的实际运用经验及桥位河段的水文、地形、工程地质和位置情况进行必要的调整。

导流堤的平面形状和尺寸的计算方法，多数是建立在模型试验基础上的（水流垂直或接近于垂直桥轴线，岸壁光滑固定）。天然河段的水文、地形条件比较复杂，随着流向和岸壁条件的变化，导流堤的平面尺寸也应不同。计算结果是一种控制性的，在大多数情况下，需根据桥位河段的水文、地形、地质和桥头引道等综合因素，结合既有导流堤的实际运用经验综合考虑后适当调整。

（1）封闭式导流堤主要是约束水流归槽，控制河道摆动，使全部设计洪水和泥沙均匀顺畅地通过桥孔。其平面形状可为直线与圆曲线组合形或椭圆形，视桥位地形、水流情况选定。

①直线与圆曲线组合形封闭式导流堤的平面尺寸：以桥梁上游边线为轴线，上游段采用圆曲线，圆曲线半径采用 3～4 倍的桥孔总长度，圆心角为 25°～30°；上游直线段与圆曲线相切，堤端伸入稳定河岸；下游段圆曲线半径采用桥孔总长度的 1.5～2.0 倍，以桥梁下游边线为轴线，圆心角采用 15°～20°，其平面形状如图 12-1 所示。

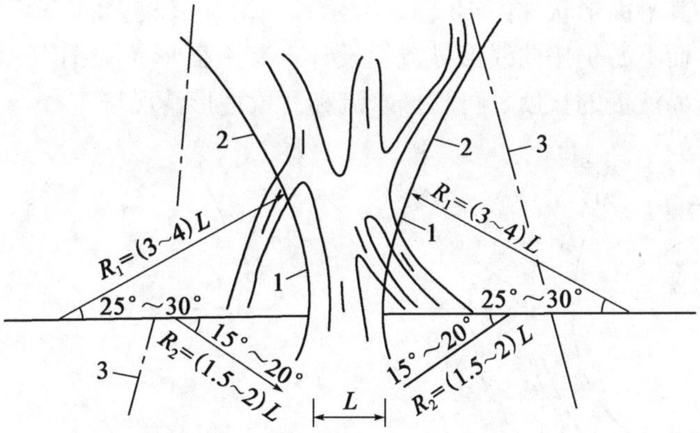

图 12-1 直线与圆曲线组合形封闭式导流堤的平面形状示意

1-圆曲线；2-直线（切于圆曲线）；3-水流摆动边线

②椭圆形封闭式导流堤的平面尺寸：桥位上游段为 1/4 椭圆形，堤端伸入稳定河岸，在桥位方向上的投影长度 b 为椭圆半短轴，在水流方向的投影长度 a 为

椭圆半长轴，a/b 值可取 1.5～2.25，椭圆中心设在桥梁上游边线上，当为减少堤端部与股流交角或需将水流逼向河心时，可将堤端部的曲线改为直线；桥位下游段为圆曲线，曲线半径为椭圆半长轴 a 的 1.5～2.25 倍，圆心设在桥梁下游边线上，圆心角采用 7°～8°。其平面形状如图 12-2 所示。

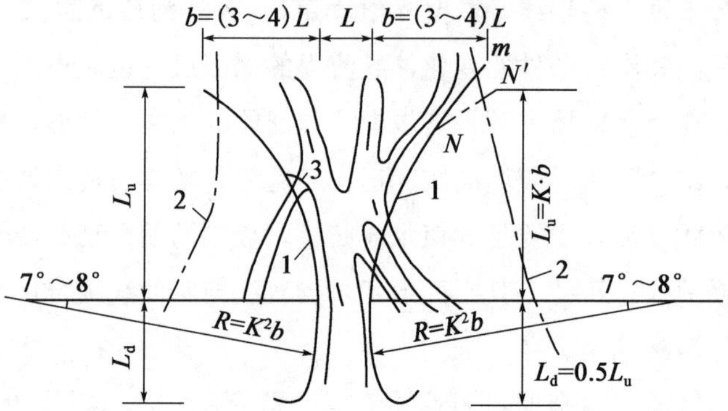

图 12-2　椭圆形封闭式导流堤的平面形状示意

1-椭圆曲线；2-水流摆动边线；3-丁坝

（2）非封闭式导流堤的平面形状宜为曲线形，有时也采用直线形（两端带曲线）。非封闭式直线形导流堤一般为减轻水流挤压，常在受水流挤压的一侧设置。当设置直线形导流堤一侧的滩流量不大或受挤压流量较大时，除头部为曲线外，可全为直线，其平面形状如图 12-3a）所示；当滩流量较大时，可在曲线形中插入一段直线，而上游仍按曲线形导流堤设计，其平面形状如图 12-3b）所示。非封闭式直线形导流堤的长度，可根据水流和河段地形情况确定。

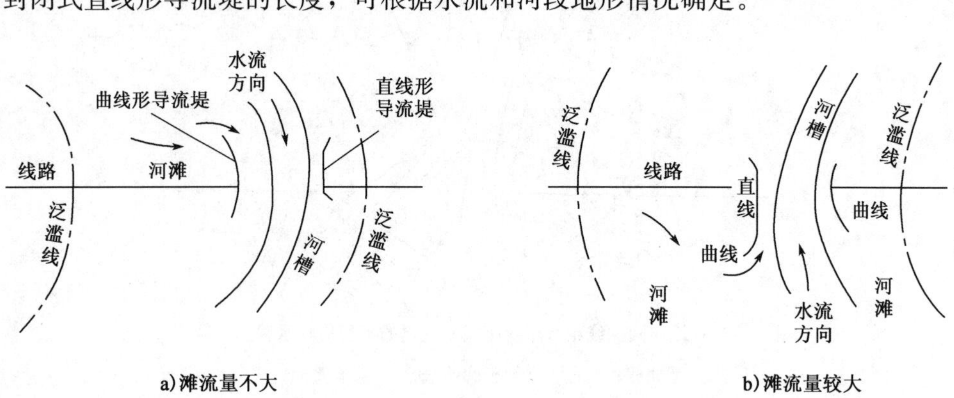

图 12-3　非封闭式导流堤的平面形状示意

（3）当桥位河段比较稳定，桥头路基伸入河滩阻挡部分河滩流量，且流速不大时，布设梨形导流堤，可较好地保护桥台及台后路基冲刷，目前应用较多。

梨形导流堤的平面形状可为起自桥台头部的路堤上、下游侧各两段相切的反向圆弧线。上游侧桥台端圆弧 L_{u1} 半径为 R，凹向桥台，路堤端圆弧 L_{u2} 半径为 $2R$，与 L_{u1} 及路堤反向相切；下游侧桥台端圆弧 L_{d1} 半径为 $\frac{R}{2}\sim\frac{3R}{4}$，凹向桥台，路堤端圆弧 L_{d2} 半径为 $R\sim\frac{3R}{2}$，与 L_{d1} 及路堤反向相切。R 视路堤压缩水流情况而定。其平面形状如图 12-4 所示。

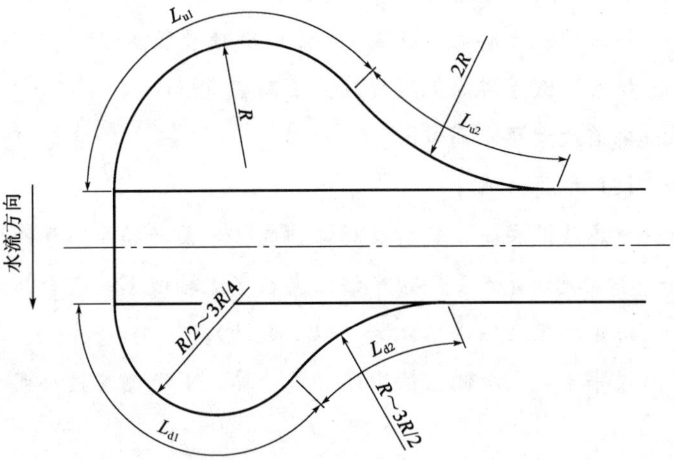

图 12-4　梨形导流堤的平面形状示意

12.2.5　导流堤断面宜为梯形，其顶宽和边坡可按表 12.2.5 采用。堤高大于 12m 或坡脚长期浸水时，应作专门设计。

表 12.2.5　导流堤顶宽和边坡

堤顶宽（m）		边坡		
堤头	堤身	堤头	堤身	
			迎水面	背水面
3～4	2～3	1∶2～1∶3	1∶1.5～1∶2.0	1∶1.5～1∶1.75

导流堤的断面尺寸和边坡值，条文是按人工施工及养护的情况而规定的，但采用机械施工及养护时，可视机械的性能规格，适当增大顶宽和施工边坡。条文

中“当堤高大于12m或坡脚长期浸水时，应作专门设计”，主要是验算其稳定性。

12.2.6 导流堤顶面高程应按下列规定确定：

1 封闭式导流堤应按下列公式计算：

上游侧

$$H_{ds}=H_s+\Delta Z+\sum\Delta h+L_{ds}I+0.25 \tag{12.2.6-1}$$

下游侧

$$H_{dx}=H_s+\sum\Delta h+0.25 \tag{12.2.6-2}$$

式中：H_{ds}——桥台中线上游L_{ds}距离处导流堤堤顶最低高程（m）；

H_{dx}——桥台中线下游导流堤堤顶最低高程（m）；

ΔZ——桥前最大壅水高（m）；

H_s——设计水位（m）；

$\sum\Delta h$——考虑波浪爬高、斜水流局部冲高、床面淤高等因素的总和（m）；

L_{ds}——导流堤计算点至桥台中线距离在水流轴线上的投影长度（m）；

I——桥位河段天然洪水比降（以小数计）。

2 非封闭式导流堤上游侧应按下列公式计算，下游侧应按公式（12.2.6-2）计算：

当$L_{sh}<L_a$时

$$H_{ds}=H_s+\Delta h_{sh}+\sum\Delta h+0.25 \tag{12.2.6-3}$$

当$L_{sh}>L_a$时

$$H_{ds}=H_s+\Delta h'_{sh}+\sum\Delta h+0.25 \tag{12.2.6-4}$$

式中：L_{sh}——河滩路基上游侧最大壅水高度点至桥台前缘的距离（m）；

L_a——桥台前缘至同一端岸边的距离（m）；

Δh_{sh}——按本规范式（10.3.3-1）计算的最大壅水高度（m）；

$\Delta h'_{sh}$——按本规范式（10.3.3-6）计算的最大壅水高度（m）。

3 梨形堤顶面各点高程，应按本规范式（10.3.3-5）计算的水面横坡推算。

4 有流冰情况时，堤顶高程应高出最高流冰水位0.75m。

第1～3款，壅水高度，在桥前壅水范围内，壅水高度沿程是变化的。确定导流顶面高程时，比较合理的办法是区段确定壅水值。对变迁性和冲积漫流性河段上的封闭导流堤，不仅最大壅水值的位置难以确定，甚至在上游整个堤长范围内是否均有壅水还有待进一步试验研究。从偏于安全角度考虑，规定按桥前最大壅水高度计算。

第4款，既有导流堤的毁坏，有些是在春汛期因流冰或融冰引起的，而这种情况往往被人忽视。为此，规定在有流冰或融冰的河段上，应将洪水和流冰两种情况计算的堤顶面高程相比较，取其中的最大值。

12.2.7 导流堤冲刷计算，除应按本规范第8.2、8.3节考虑河床自然演变冲刷、一般冲刷外，尚应计算导流堤自身的局部冲刷，并应调查类似河段上既有导流堤的最大冲刷深度，验证计算值。

导流堤的冲刷计算，上游堤头部分主要是计算其局部冲刷深度；对于堤身则是类似于沿河路基，除考虑局部冲刷以外，尚需考虑河床的自然冲刷，当桥梁压缩水断面时，尚应考虑一般冲刷，设计中视具体情况而定。

对于导流堤的局部冲刷计算，近年来国内有关单位的专家对此进行了大量的试验研究工作，如《公路水文勘测设计与水毁防治》（人民交通出版社，2002年1月）提出的导流堤局部冲刷试验经验公式。目前由于缺乏较多的原型资料作进一步验证，故条文中规定应调查类似河段上既有导流堤的最大冲刷深度，结合公式的计算综合考虑确定。

12.3 丁坝布设及冲刷计算

12.3.1 丁坝布设应符合下列规定：

1 应根据导治线布设丁坝，不宜布设单个长丁坝。

2 桥位上游两倍桥长以内不宜布设丁坝，可在河滩路基上游侧布设丁坝，防止滩流对路堤的淘刷。

3 不透水丁坝垂直于流向的投影长度不宜超过河槽宽度的15%；透水性达到80%的丁坝，垂直于流向的投影长度不宜超过河槽宽度的25%。

4 视河岸土质及水流等情况，可将坝根嵌入河岸3～5m，或加固坝根上游河岸8～10m，下游河岸12～15m。

5 非淹没式丁坝的坝顶高程，可按本规范第12.2.6条的规定确定。淹没式丁坝的坝顶高程，可按整治水位确定，坝顶宜设0.25%～2%的纵坡。透水丁坝的高度应使漂流物能在坝顶通过。

6 不得在泥石流沟上布设挑水丁坝。

调治建筑物的轴向布置为与导治线的边缘线成正交或较大角度的斜交者，称为丁坝（亦称挑水坝）。丁坝的种类很多，按平面形状分，有直线形、勾头形、T字形；按其影响水流变化情况分，有长丁坝、短丁坝；按与水流交角分，有上挑、正挑和下挑丁坝；按淹没状态分，有淹没式和非淹没式丁坝；按结构分，有实体丁坝和各种透水丁坝。

丁坝的作用是逼使水流改变方向离开被防护的河岸，丁坝压缩水流断面较多，能强烈扰乱原来水流的性质。为此桥位设计主要是从护岸和防护河滩引道路堤方面考虑，以淹没条件来划分丁坝的类型。同时丁坝应是成群布置的，在丁坝头部附近有强烈的局部冲刷，但在坝间形成淤积，经过多次洪水后可造成新的河岸。就防护地段的总长而言，丁坝群的建筑长度一般较短，仅坝头部需要防护措施，其造价较低，故丁坝在公路路基冲刷防护中起着重要的作用。采用丁坝防护路基冲刷的优点是防护长度大，相当于丁坝本身长度的3～10倍以上。

丁坝按其影响水流变化的情况可分为短丁坝和长丁坝。短丁坝只扰乱其附近的局部水流，使水流趋向河心，一般若干个成群使用。长丁坝则可扰乱整个水流，使水流冲向对岸，设计中应结合上、下游及对岸的影响，尤其是在对岸有农田、水利设施或居民点，就不应采用长丁坝，即使对岸是坚实岩层时，也不宜采用长丁坝，以防折射回来的水流冲刷下游河岸或路基。故条文中规定，单个挑水长丁坝不宜采用（丁坝坝长不宜大于河宽的1/4）。泥石流的导流，严禁设置挑水丁坝。

丁坝的根部与河岸的连接有两种方法，设计时应视坝体材料与河岸土质而定。河岸土质不易冲刷或渗透系数较小者，宜采用加固法；河岸土质易于冲刷或渗透系数较大者，宜采用嵌入法。采用嵌入法时，应对坝根及嵌入河岸做防渗处理，以免坝体渗流引起坝根及坝附近河岸渗流破坏而产生沉陷。

12.3.2 坝型及断面形式应按下列规定确定：

1 路基护坡及其他调治工程基础的冲刷防护宜采用垂直或上挑淹没式丁坝和潜坝。

2 为稳定河槽或加速丁坝间淤积，宜采用上挑淹没式丁坝。

3 在高洪水期，为挑离水流，防护河岸、河滩路基和其他调治工程的冲刷，宜采用下挑非淹没式丁坝。

4 在水流含沙量较大的宽浅游荡河段上，为减轻挑流作用、降低流速、促使泥沙沉积，可采用非淹没式透水丁坝。

5 丁坝可采用柔性结构或刚性结构，断面形式和尺寸应根据水流条件和坝身材料等确定，断面尺寸应满足稳定性需要。

12.3.3 下挑非淹没式丁坝与水流交角宜为60°～75°；上挑淹没式丁坝与水流交角宜为100°～105°；在凸岸且流速较小时，丁坝与水流交角宜为90°。潮汐河段，在涨潮流速较大或有涌潮的地段，修建丁坝不宜与水流正交，以采用垂直向上游偏约15°为宜；在涨落潮流速约相等的地段，可采用丁坝与水流正交。

根据试验观测资料，丁坝的布置与水流方向的关系不同时，其作用也不同。当丁坝群布置为垂直于水流方向的形式时，在其头部附近发生局部冲刷，在丁坝间发生约呈椭圆形的淤积堆而不与坝和岸相连接；当丁坝群布设成下挑（顺水流方向倾斜）形式时，其作用与垂直布置形式相似；当丁坝群布设成上挑（逆水流方向倾斜）形式时，冲刷坑位于坝头部上面，坝间淤积沿着坝的背水坡脚及河岸坡脚约呈三角形伸展，在迎水面的坝根附近发生淘刷。

根据上述情况的比较，非淹没式高水位丁坝，宜布置成下挑，以减水流对坝头的冲击作用。淹没式中水位丁坝（中水位丁坝相当于造床流时的水位）可布置呈垂直或上挑形式，以减低坝顶溢流的流速。

丁坝轴线与水流方向的交角，对于下挑非淹没式，宜采用60°～75°；对于上挑淹没式，宜采用100°～105°。

丁坝是一种较好的间接防护形式，坝型及其与水流的夹角，是设置丁坝成败的关键。位置得当可有效的调整水流，达到固基护岸的作用；设置不当适得其反，造成水流混乱和不必要的冲刷及泥沙沉积。在界河设置丁坝应慎重，两岸应协商认可，方可实施。

12.3.4　丁坝的防护长度及间距应符合下列规定：

1　丁坝的防护长度可按本规范附录E计算。

2　丁坝的间距应小于上游丁坝的防护长度。

12.3.5　丁坝附近的河床冲刷，除应考虑河床自然演变冲刷外，尚应计算丁坝自身的局部冲刷，并应调查类似河段上既有丁坝的最大冲刷深度，验证计算值。

丁坝局部冲刷公式因实坝资料验证较少，故条文中规定应调查类似河段上既有丁坝的最大冲刷深度和结合地区经验公式计算确定。

附录A 河段分类表

表A 河段分类

<table>
<tr><th rowspan="2">河流类型</th><th rowspan="2">河段类型</th><th colspan="2">稳定程度</th><th colspan="4">河流特性及河床演变特点</th></tr>
<tr><th>序号</th><th>分类</th><th>形态特征</th><th>水文泥沙特征</th><th>河床演变特征</th><th>河段区别要点</th></tr>
<tr><td rowspan="2">山区河流</td><td>峡谷河段</td><td>Ⅰ</td><td rowspan="3">稳定</td><td rowspan="2">1. 在平面上多急弯卡口，宽窄相间，河床为V形或U形；
2. 河流纵断面多呈凸形，比降缓陡相连；
3. 峡谷河段，河床狭窄，河岸陡峭多石质，中、枯水河槽无明显区别；
4. 开阔河段，河面较宽，有边滩，有时也有不大的河漫滩和明显阶地，有的地方也会出现心滩和沙洲，比降较缓，河床泥沙较细</td><td rowspan="2">1. 河床比降陡，一般大于0.2%；
2. 流速大，洪水时河槽平均流速可达到5～8m/s；
3. 水位变幅大，个别达到50m左右；
4. 含沙量小，河床泥沙颗粒较大；由于流速大，搬运能力强，故洪水时河床上有卵石运动</td><td rowspan="2">1. 河流稳定，变形多为单向的切蚀作用，速度相当缓慢；
2. 峡谷河段的进口或窄口的上游，受壅水的影响，洪淤、枯冲；
3. 开阔河段有时有较厚的颗粒较细的沉积物，且多呈洪冲、枯淤变化；
4. 两岸对河流的约束和钳制作用大</td><td rowspan="2">1. 峡谷河段，河床窄深，床面岩石裸露或为大漂石覆盖，河床比降大，多急弯、卡口，断面呈V形或U形；
2. 开阔河段和顺直微弯河段，岸线整齐，河槽稳定，断面多呈U形，滩、槽分明，各级洪水流向基本一致</td></tr>
<tr><td>开阔河段</td><td>Ⅱ
Ⅲ</td></tr>
<tr><td rowspan="3">平原区河流</td><td>顺直微弯河段</td><td>Ⅱ
Ⅲ</td><td rowspan="3">1. 平原区河流，平面外形可分为顺直微弯型、分汊型、弯曲型、宽滩型和游荡型；
2. 河谷开阔，有时河槽高出地面，靠两侧堤防束水；
3. 河床横断面多呈宽浅矩形，通常横断面上滩槽分明，在河湾处横断面呈斜三角形，凹岸侧窄深，凸岸侧为宽且高的边滩，过渡段有浅滩、沙洲；</td><td rowspan="3">1. 河床比降平缓，一般小于0.1%，有时不到0.01%；
2. 流速小，洪水时河槽平均流速多为2～4m/s；
3. 洪峰持续时间长，水位和流量变幅小于山区河流；
4. 河床泥沙颗粒较细；水流输送泥沙以悬移质为主，多为沙、粉沙和黏粒；但也有推移质；</td><td rowspan="3">1. 顺直微弯河段，中水河槽顺直微弯，边滩呈犬牙交错分布；洪水时边滩向下游平移，对岸深槽亦向下游平移；
2. 分汊河段，中高水河槽分汊，两汊可能有周期性交替变迁趋势；
3. 弯曲型河段，凹冲凸淤。自由弯曲型河段，由于周而复始的凹冲凸淤，随着凹岸侧冲刷下切和侵蚀，</td><td rowspan="3">1. 稳定和次稳定河段的区别，前者河槽岸线、河槽、洪水主流均基本稳定，变形缓慢；后者河湾发展下移，主流在河槽内摆动；
2. 分汊河段，两汊有交替变迁的趋势；宽滩河段泛滥宽度很宽，达几公里、十几公里，滩槽宽度比、流量比都较大，滩流速小，槽流速大</td></tr>
<tr><td>分汊河段</td><td>Ⅲ
Ⅳ</td><td rowspan="2">次稳定</td></tr>
<tr><td>弯曲河段</td><td>Ⅲ
Ⅳ</td></tr>
</table>

续上表

河流类型	河段类型	稳定程度		河流特性及河床演变特点			
		序号	分类	形态特征	水文泥沙特征	河床演变特征	河段区别要点
平原区河流	宽滩河段	Ⅲ Ⅳ	次稳定	4. 枯水期河槽中露出多种形态的泥沙堆积体； 5. 由于平原区河流多河湾、浅滩连续分布，因此，河床纵断面亦深浅相间	5. $\frac{Q_t}{Q_p}>0.4$ 或 $\frac{Q_t}{Q_c}>0.67$ 者为宽滩河流	弯顶横移下行，凸岸侧成鬃岗地形并扭曲弯向下游；与此同时弯曲路径加长，阻力加大，颈口缩短，洪水时发生裁弯取直； 4. 宽滩蜿蜒型河段，河床演变与弯曲型河段类似； 5. 游荡型河段，河槽宽浅，沙洲众多，且变化迅速，主流、支汊变化无常	
	游荡河段	Ⅳ Ⅴ	不稳定				
山前区河流	山前变迁河段	Ⅴ	不稳定	1. 山前变迁河段，多出现在较开阔的地面坡度较平缓的山前平原地带，河段距山口较远，其下多是比较稳定的平原河流，水流多支汊，主流迁徙不定，河槽岸线不稳，洪水时主流有滚动可能； 2. 冲积漫流河段，距山口较近，河床坡度较陡；因为地势单调平坦，水流出山口后成喇叭形散开，流速、水深骤减，水流夹带大量泥沙落淤在山口坦坡上形成冲积扇	1. 河床比降介于山区和平原区之间，一般为0.1%～1%；但冲积漫流河段有时大于2%～5%； 2. 流速介于山区与平原区之间，洪水时河槽平均流速可达到3～5m/s； 3. 水流宽浅；水深变幅不大，既小于山区亦小于平原区； 4. 泥沙中等或较大；在干旱、半干旱地区，洪水时往往携带大量细颗粒泥沙（既有悬移质又有推移质），是淤积的主要材料	1. 山前变迁型河段，泥沙与河床演变特点有类似平原游荡型河段之处，但其比降和泥沙颗粒皆大于平原游荡型河段；主要还是山前河流的特点，夺流改道之势更为凶猛迅速； 2. 冲积漫流河段，通常无固定河槽，夹带大量粗颗粒泥沙的水流淤此冲彼；加以坡陡、流急造成水沙混合体奔突冲击，有很大的破坏力。洪水后，河床支汊纵横，支离破碎，没有固定河漫滩，是最不稳定的河段；河床有可能淤高	1. 不稳定河段与次稳定河段的区别，前者主流在整个河床内摆动，幅度大，变化快，河床有可能扩宽；后者主流在河槽内摆动，幅度小； 2. 游荡性河段与山前变迁性河段的区别，前者土质颗粒细，冲刷深，回淤快，主流不仅在河床内摆动，甚至可能造成河道改道；后者颗粒粗，冲刷浅，由于河床淤高扩宽和主流摆动，造成主槽变迁，河岸傍切扩宽幅度小； 3. 冲积漫流河段地貌大致具有冲积扇体特征，床面逐年淤高，较游荡性河段明显，洪水股流按总趋势在高沟槽中通过
	冲积漫流河段	Ⅵ					

续上表

河流类型	河段类型	稳定程度		河流特性及河床演变特点			
		序号	分类	形态特征	水文泥沙特征	河床演变特征	河段区别要点
河口	三角港河口	V	不稳定	1. 三角港河口段为凹向大陆的海湾型河口段； 2. 三角洲河口段为凸出海岸伸向大海的冲积型河口；河口段沙洲林立，支汊纵横交错	比降一般小于0.01%，流速也小；由于受潮汐影响，流速呈周期性正负变化；泥沙颗粒极细，多为悬移质	河口除受波浪和海流作用外，河流下泄的部分泥沙(进入河口后)，由于受潮流和径流的相互作用，常形成拦门沙，加之咸、淡水交汇造成泥沙颗粒的絮凝现象，促进了泥沙的淤积，洪水期山水占控制的河段，可能有河床冲刷。因此很多河口段河床的冲淤变化很明显	
	三角洲河口	Ⅵ					

注：1. 表列河段为一般情况，如山区河段一般为稳定河段，但也有例外的情况。有的山区河流有次稳定的，甚至有不稳定的河段，遇到这类场合，应根据具体河段的实际情况，分析其稳定性，决定采用何种勘测设计方法。

2. 表中序号表示河段的稳定程度，序号愈小，河段愈稳定；反之，愈不稳定。

附录B　一维河床冲淤数学模型

B.0.1　一维数学模型可利用一维水流、泥沙运动方程及河床变形方程以及适当的辅助方程，计算河道遭遇各种洪水甚至设计洪水过程时河床高程随时间的变化，其中计算河床高程低于初始河床高程之差，即为河床冲刷的厚度。无桥时计算的冲刷为自然演变冲刷；有桥时计算的冲刷为一般冲刷。

B.0.2　一维数学模型应包括下列方程：

1　水流方程：

$$\frac{\partial A}{\partial t}+\frac{\partial Q}{\partial x}=0 \tag{B.0.2-1}$$

2　水流运动方程：

$$\frac{\partial}{\partial t}\left(\frac{Q}{A}\right)+\frac{1}{2}\frac{\partial}{\partial x}\left(\frac{Q^2}{A^2}\right)+g\frac{\partial Z}{\partial x}+g\frac{n^2Q^2}{A^2R^{\frac{4}{3}}}=0 \tag{B.0.2-2}$$

3　悬移质泥沙连续方程：

$$\frac{\partial(QS)}{\partial x}+\frac{\partial(AS)}{\partial t}=-\alpha B\omega(S-S_*) \tag{B.0.2-3}$$

4　河床变形方程：

$$\gamma' B\frac{\partial Z_b}{\partial t}+\frac{\partial(Q_s+Q_b)}{\partial x}=0 \tag{B.0.2-4}$$

5　悬移质输沙率 Q_s：

$$Q_s=QS \tag{B.0.2-5}$$

6　推移质输沙率 Q_b：

$$Q_b=q_bB \tag{B.0.2-6}$$

式中：B——过流断面宽度（m）；

A——过流断面面积（m^2）；

Q——流量（m^3/s）；

R——水力半径（m）；

Z——水位（m）；

Z_b——断面平均河床高程（m）；

S、S_*——断面平均实际含沙量、水流挟沙能力（kg/m^3）；

ω——悬移质断面平均沉速（m/s）；

γ'——泥沙干重度（kN/m^3）；

g——重力加速度（m/s^2）；

n——糙率；

α——泥沙恢复饱和系数；

q_b——推移质单宽输沙率［kg/（m·s）］，根据具体情况选择具体计算公式；

x——空间坐标（m）；

t——时间坐标（s）。

B.0.3 初始条件及边界条件应符合下列规定：

1 求解B.0.2方程组，上游入水口边界输入已知水、沙过程，下游出水口边界输入水位过程，并需给定初始河床高程。

2 具体计算时，可将水、沙过程划分为若干时段，使每一时段水流接近于恒定流，然后按恒定流进行计算，可简化上述水流连续方程和水流运动方程。

B.0.4 方程组可采用有限差分法进行数值求解。

B.0.5 一维河床冲淤数学模型的使用应具备下列基本资料：

1 实测河床大断面或水下河床地形图。

2 实测河床质泥沙颗粒分析成果。

3 最新水文分析计算成果资料。

4 其他有关资料。

附录C　墩形系数及墩宽计算

表C　墩形系数及墩宽计算表

<table>
<tr><th>编号</th><th>墩形示意图</th><th>墩形系数 K_ξ</th><th>桥墩计算宽度 B_1</th></tr>
<tr><td>1</td><td>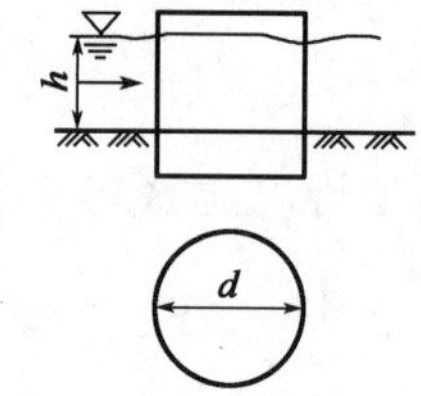
</td><td>1.00</td><td>$B_1=d$</td></tr>
<tr><td>2</td><td>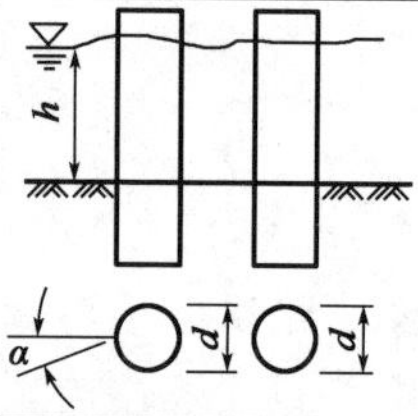
</td><td>不带联系梁：$K_\xi=1.00$
带联系梁：<table><tr><td>α</td><td>0°</td><td>15°</td><td>30°</td><td>45°</td></tr><tr><td>K_ξ</td><td>1.00</td><td>1.05</td><td>1.10</td><td>1.15</td></tr></table></td><td>$B_1=d$</td></tr>
<tr><td>3</td><td>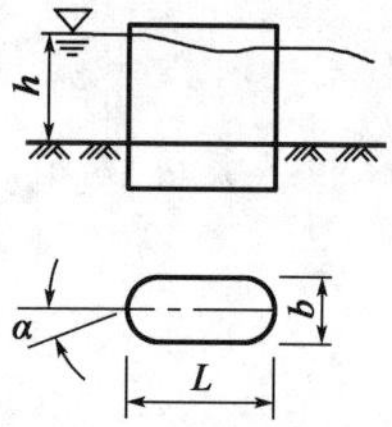
</td><td>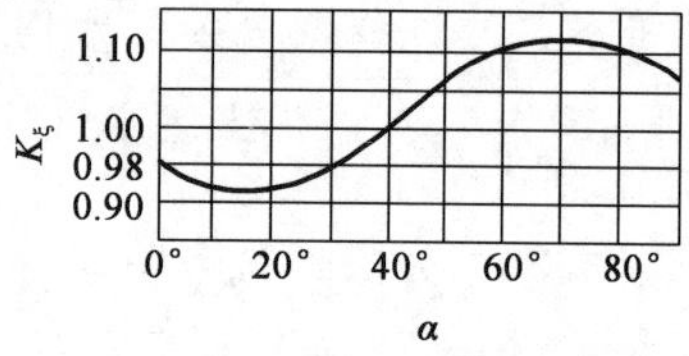
</td><td>$B_1=(L-b)\ \sin\alpha+b$</td></tr>
<tr><td>4</td><td>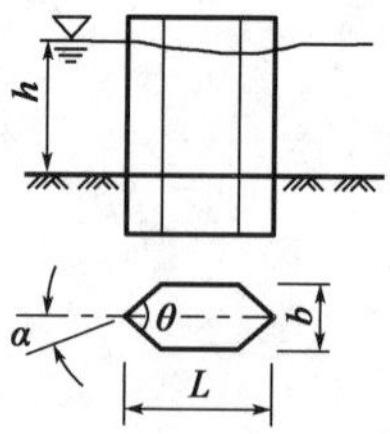
</td><td><table><tr><td rowspan="2">与水流正交时各种迎水角系数</td><td>θ</td><td>45°</td><td>60°</td><td>75°</td><td>90°</td><td>120°</td></tr><tr><td>K_ξ</td><td>0.70</td><td>0.84</td><td>0.90</td><td>0.95</td><td>1.10</td></tr></table>迎水角 $\theta=90°$ 与水流斜交时的系数 K_ξ
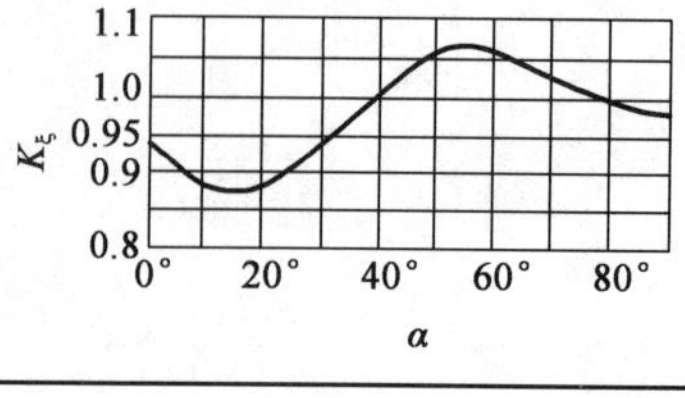
</td><td>$B_1=(L-b)\ \sin\alpha+b$
（为了简化，可按圆端墩计算）</td></tr>
</table>

续上表

编号	墩形示意图	墩形系数 K_ξ	桥墩计算宽度 B_1
5	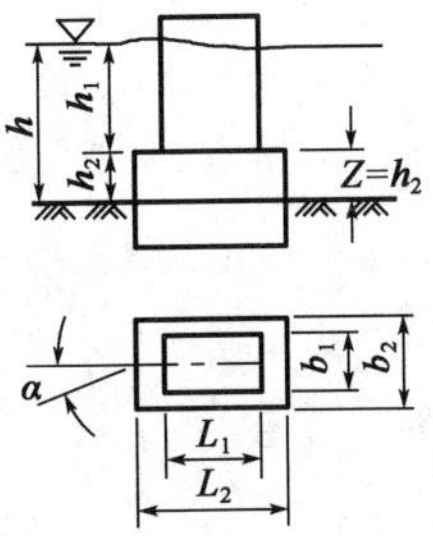	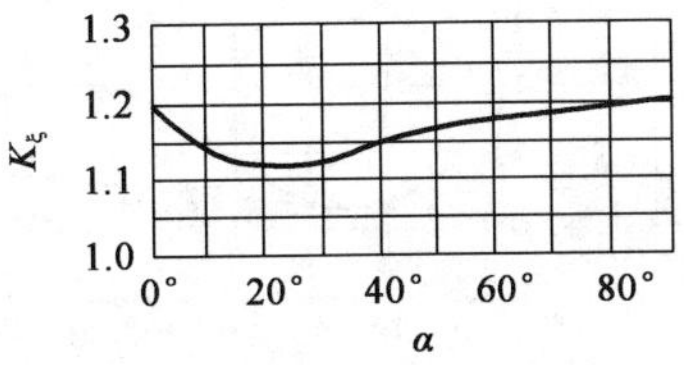	与水流正交 $B_1=\frac{b_1h_1+b_2h_2}{h}$ 与水流斜交 $B_1=\frac{B_1'h_1+B_2'h_2}{h}$ $B_1'=L_1\sin\alpha+b_1\cos\alpha$ $B_2'=L_2\sin\alpha+b_2\cos\alpha$
6	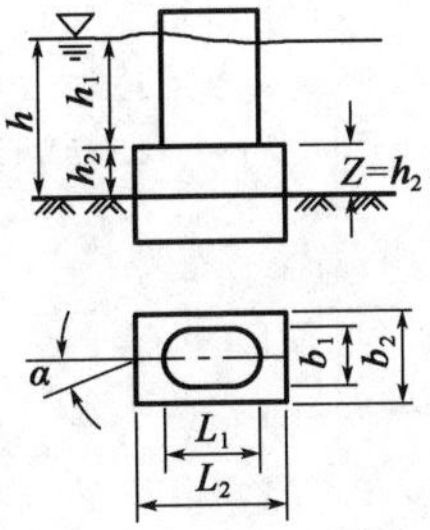	$K_\xi=K_{\xi_1}K_{\xi_2}$ 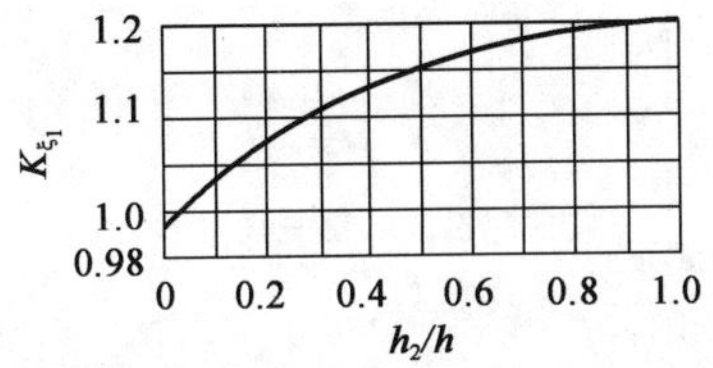 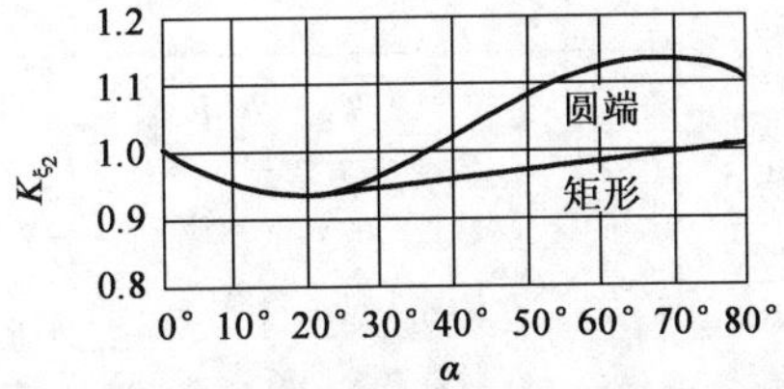 注：沉井与墩身的 $K_{\xi2}$ 相差较大时，根据 h_1h_2 的大小，在两线间按比例定点取值	与水流正交时 $B_1=\frac{b_1h_1+b_2h_2}{h}$ 与水流斜交时 $B_1=\frac{B_1'h_1+B_2'h_2}{h}$ $B'_1=(L_1-b_1)\sin\alpha+b_1$ $B_2'=L_1\sin\alpha+b_2\cos\alpha$
7	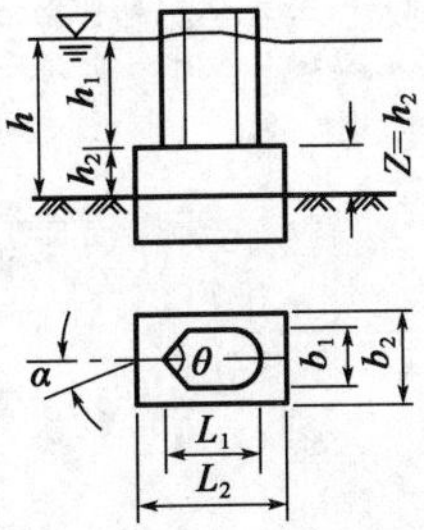	与水流正交时 $K_\xi=K_{\xi1}$ 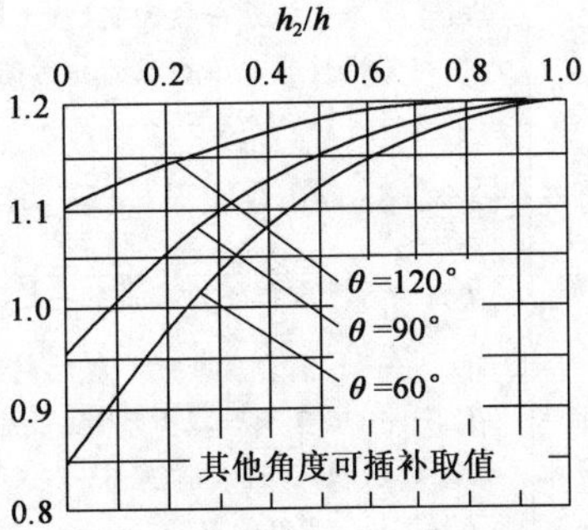	

续上表

编号	墩形示意图	墩形系数 K_ξ	桥墩计算宽度 B_1
7		迎水角 $\theta=90^\circ$与水流斜交时 $K_\xi=K_{\xi1}K_{\xi2}$ 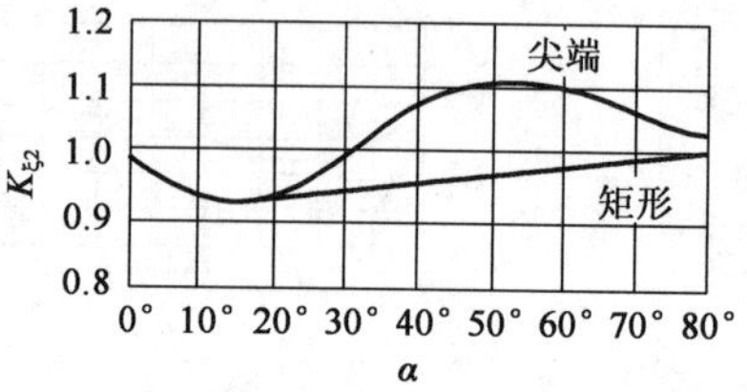 注：沉井与墩身的 $K_{\xi2}$ 相差较大时，根据 h_1h_2 的大小，在两线间按比例定点取值	与水流正交时 $B_1=\dfrac{b_1h_1+b_2h_2}{h}$ 与水流斜交时 $B_1=\dfrac{B_1'h_1+B_2'h_2}{h}$ $B'_1=(L_1-b_1)\sin\alpha+b_1$ $B_2'=L_2\sin\alpha+b_2\cos\alpha$
8	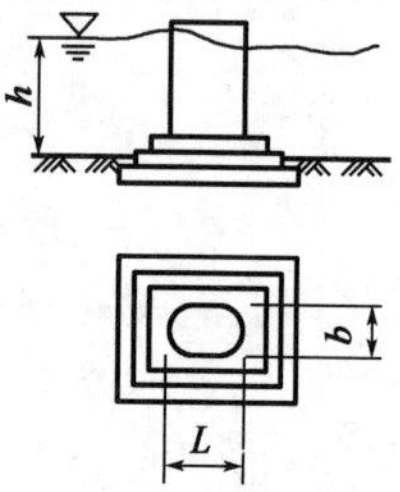 	采用与水流正交时的墩形系数	与水流正交 $B_1=b$ 与水流斜交 $B_1=(L-b)\sin\alpha+b$
9	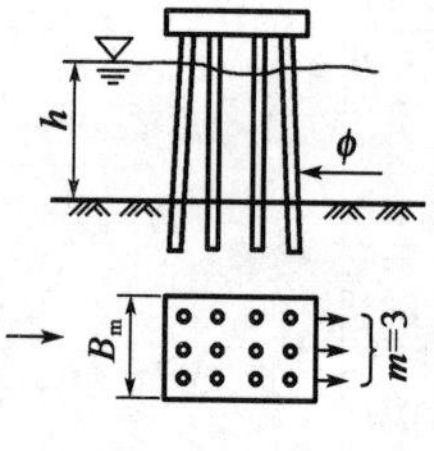 	$K_\xi=K'_\xi K_{m\phi}$ K'_ξ——单桩形状系数，按编号（1）、（2）、（3）、（5）墩形确定（如多为圆柱，$K'_\xi=1.0$ 可省略）； $K_{m\phi}$——桩群系数，$K_{m\phi}=1+5\left[\dfrac{(m-1)\phi}{B_m}\right]$； B_m——桩群垂直水流方向的分布宽度； m——桩的排数	$B_1=\phi$
10	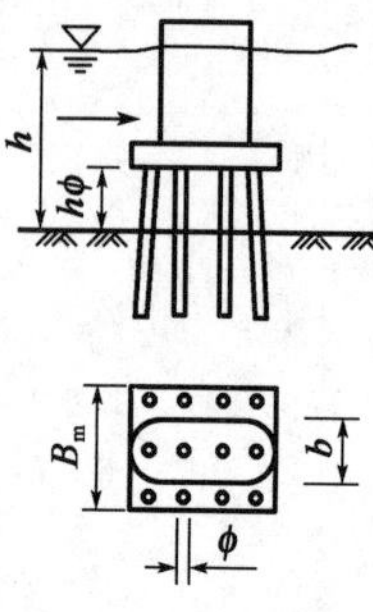 	桩承台桥墩局部冲刷计算方法 当承台底面低于一般冲刷线时，按上部实体计算；承台底面高于水面应按排架墩计算，承台底面相对高度在 $0\leqslant h_\phi/h\leqslant1.0$ 时，冲刷深度 h_b 按下式计算： $h_b=(K'_\xi K_{m\phi}K_{h\phi}\phi^{0.6}+0.85K_{\xi1}K_{h2}B_1^{0.6})K_{\eta1}(v_0-v'_0)\times\left(\dfrac{v-v'_0}{v_0-v'_0}\right)^{n_1}$ $K_{h\phi}$——淹没柱体折减系数，$K_{h\phi}=1.0-\dfrac{0.001}{(h_\phi/h+0.1)^3}$； $K_{\xi1}B_1$——按承台底处于一般冲刷线计算； K_{h2}——墩身承台减少系数； $K_{\eta1}$、v、v_0、v'_0、n_1 见 65-1 公式； K'_ξ、$K_{m\phi}$见编号（9）	

续上表

编号	墩形示意图	墩形系数 K_ξ	桥墩计算宽度 B_1
10		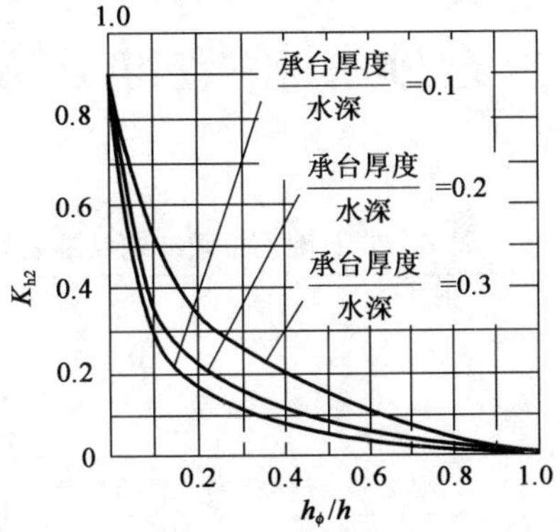	
11	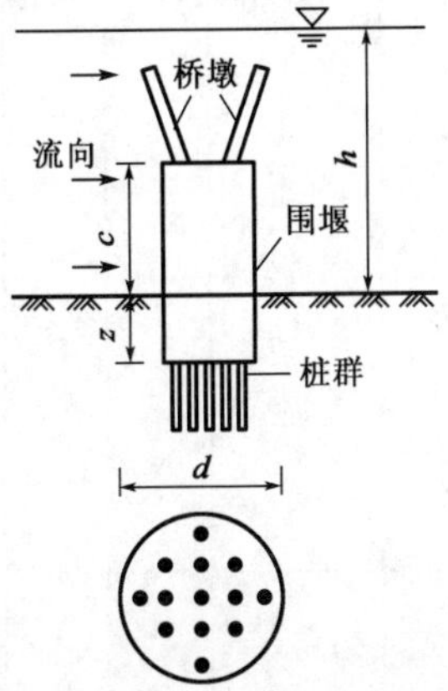	按下式计算局部冲刷深度 h_b： $h_b=k_{cd}h_{by}$ $k_{cd}=0.2+0.4\left(\frac{c}{h}\right)^{0.3}\left[1+\left(\frac{z}{h_{by}}^{0.6}\right)\right]$ k_{cd}——大直径围堰群桩墩形系数； h_{by}——按编号（1）墩形计算的局部冲刷深度。 适用范围：$0.2\leqslant\frac{c}{h}\leqslant1.0$，$0.2\leqslant\frac{z}{h_{by}}\leqslant1.0$	$B_1=d$
12	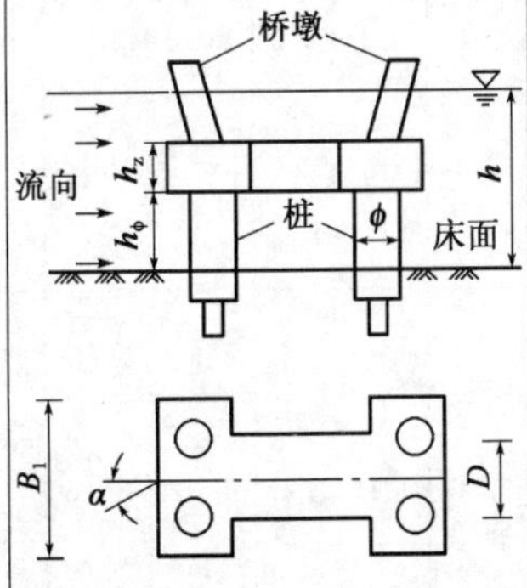	按下式计算局部冲刷深度 h_b： $h_b=k_ak_{zh}h_{by}$ $k_{zh}=1.22h_{by}k_{h_2}\left(1+\frac{h_\phi}{h}\right)+1.18\left(\frac{\phi}{B_1}\right)^{0.6}\frac{h_\phi}{h}$ $k_a=-0.57a^2+0.57a+1$ h_{by}——按编号（1）墩形的计算的局部冲刷深度； k_{zh}——工字承台大直径基桩组合墩形系数； h_ϕ——桥轴法线与流向的夹角（以弧度计）。 适用范围：$D=2\phi$ $0.2<\frac{h_2}{h}<0.5$，$0<\frac{h_\phi}{h}<1.0$ $\alpha=0\sim0.785$	B_1

附录D 岩石地基桥墩冲刷及基底埋深

表D 岩石地基桥墩冲刷及基底埋深参考数据

岩石特征						调查资料		建议埋入岩面深度（按施工枯水季平均水位至岩面的距离分级）（m）		
岩石类别			极限抗压强度（MPa）	调查到有冲刷的桥渡岩石特征		桥梁座数	各桥的最大冲刷深度（m）	$h<2$m	$h=2\sim10$m	$h>10$m
				岩石名称	特征					
Ⅰ	极软岩		<5	胶结不良的长石砂岩、炭质页岩等	成分以长石为主，石英凝灰碎屑、云母次之；以黏土及铁质胶结，胶结不良，用手可捏成散砂，淋滤现象明显，但岩质均匀，节理、裂隙不发育。其他岩石如风化严重，节理、裂隙发育，强度小于5MPa，用镐、锹易挖动者	2	0.65～3.0	3～4	4～5	5～7
Ⅱ	软质岩	Ⅱ$_1$（软岩）	5～15	黏土岩、泥质页岩等	成分以黏土为主，方解石、绿泥石、云母次之；胶结成分以泥质为主，钙质铁质次之；干裂现象严重，易风化，处于水下岩石整体性好，不透水，暴露后易干裂成碎块，碎块较坚硬，但遇水后崩解成土状	10	0.4～2.0	2～3	3～4	4～5
		Ⅱ$_2$（较软岩）	15～30	砂质页岩、砂页岩互层、砂岩砾岩等	砂页岩成分同上，夹砂颗粒；砂岩以石英为主，长石、云母次之，圆砾石砂粒黏土等组成。胶结物以泥质、钙质为主，砂质次之，层理、节理较明显，砂页岩在水陆交替处易干裂、崩解	9	0.4～1.25	1～2	2～3	3～4

续上表

岩石特征					调查资料		建议埋入岩面深度（按施工枯水季平均水位至岩面的距离分级）(m)		
岩石类别		极限抗压强度(MPa)	调查到有冲刷的桥渡岩石特征		桥梁座数	各桥的最大冲刷深度(m)	$h<2$m	$h=2\sim10$m	$h>10$m
			岩石名称	特征					
Ⅲ	硬质岩（较硬岩、坚硬岩）	>30	板岩、质砂岩、砂质岩、石灰岩、花岗岩、流纹岩、石英岩等	岩石坚硬，强度虽大于30MPa，但节理、裂隙、层理非常发育，应考虑冲刷，如岩体完整节理、裂隙、层理少，风化很微弱，可不考虑冲刷，但基底也宜埋入岩面0.2～0.5m	9	0.4～0.7	0.2～1.0	0.2～2.0	0.5～3.0

注：1. 在条件较好的情况下，可选用埋深数值的下限；在条件较差的情况下，可选用埋深数值的上限。情况特殊的桥，例如在水坝下游或流速特大等，可不受表列数值限制。
2. 表列调查最大冲刷值系参考桥中冲刷最深的桥墩，建议埋深值亦按此值推广使用。处于非主流部分及流速较小的桥墩，可按具体情况适当减少埋深。
3. 岩石栏内系调查到的岩石具体名称，使用时应以岩石强度作为选用表中数值的依据。
4. 表列埋深数值系由岩面算起包括风化层部分，已风化成松散砂粒或土状的除外。
5. 要考虑岩性随深度变化的因素，应以基底的岩石为准，并适当考虑基底以上岩石的可冲性质。
6. 表中建议埋深系指扩大基础或沉井的埋深，如用桩基可作为最大冲刷线的位置。
7. 岩石类别栏内，带括号者均为现行相关规范岩石坚硬程度类别之规定。

附录E 丁坝防护长度计算

E.0.1 非淹没式丁坝防护长度计算应符合下列规定：

1 顺直河段，用坝后回流长度按下列公式计算确定，其计算图式如图E.0.1-1所示。

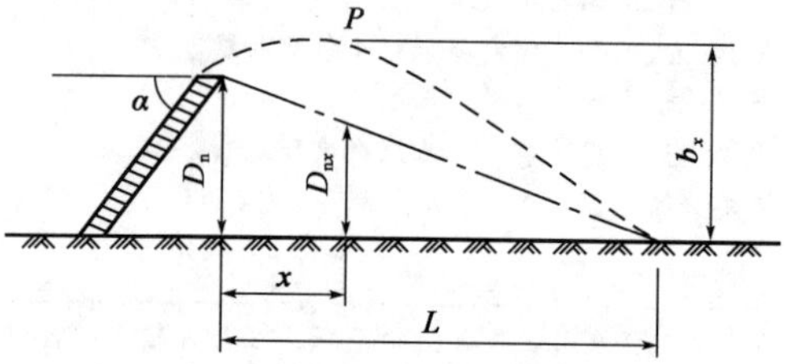

图E.0.1-1 非淹没式丁坝顺直河段的计算图式示意

$(B_c-D_n)/h_c<70$ 时，即丁坝挑流影响对岸

$$L=K_1\left[5.7C_0^{0.3}-\frac{0.09(B_c-D_n)}{h_c}\right]\cdot D_n \qquad (E.0.1\text{-}1)$$

$(B_c-D_n)/h_c\geqslant 70$ 时，即丁坝挑流不影响对岸

$$L=K_1(5.7C_0^{0.3}-6.3)\cdot D_n \qquad (E.0.1\text{-}2)$$

式中：L——坝头起算的回流长度，直线河段即为防护长度（m）；

D_n——丁坝长度D在垂直水流方向上的投影长度（m）；

B_c——设计水位时的河槽宽度（m）；

h_c——设计水位时的河槽平均水深（m）；

C_0——系数，$C_0=C/\sqrt{g}$，谢才系数$C=h_c^{\frac{1}{6}}/n$，n为糙率，$g=9.8\text{m/s}^2$；

K_1——丁坝与流向交角α的修正系数，$K_1=\left(\frac{\alpha}{90}\right)^{0.23}$，$\alpha\geqslant 90°$时，$K_1=1.00$。

2 弯曲河段，防护长度L'用坝后回流边界线与河岸的关系图解确定。回流界线可按下式计算，其计算图式如图 E. 0. 1-1 所示。弯曲河段防护长度的图解如图 E. 0. 1-2 所示。

$$\frac{b_x - D_{nx}}{D_{nx}} = K_2\,(5.5 - 7\varepsilon)\left(1 - \frac{x}{L}\right)\left(\frac{x}{L}\right)^{0.8} \tag{E. 0. 1-3}$$

式中：L——丁坝回流长度（m），按式（E. 0. 1-1）或式（E. 0. 1-2）计算；

ε——相同压缩比，$\varepsilon = D_n / B_c$；

x——回流边界线上任意点距坝头的横坐标距（m）；

b_x——x 处的回流边界线纵坐标距（m）；

K_2——随丁坝与流向交角 α 不同而改变的系数。

$$D_{nx} = \left(1 - \frac{x}{L}\right) \cdot D_n$$

$$K_2 = \left(\frac{\alpha}{90}\right)^{0.4} \cdot \left(2 - \frac{\alpha}{90}\right)^{0.1}$$

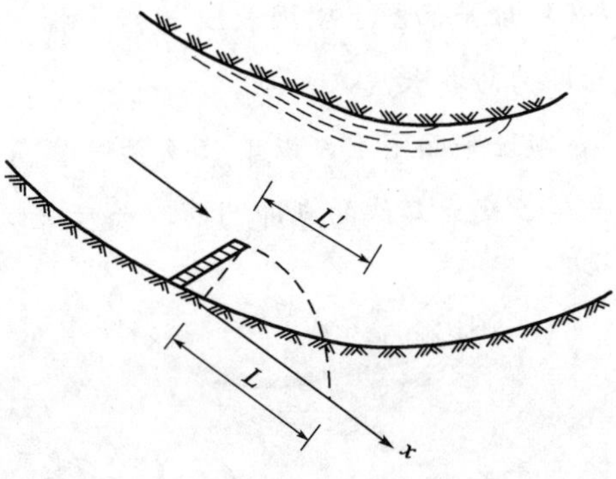

图 E. 0. 1-2 非淹没式丁坝弯曲河段的图解示意

E. 0. 2 淹没式丁坝防护长度计算应符合下列规定：

1 顺直河段，防护长度 L' 与回流长度 L 相等。回流长度按下式计算：

$$L = 8.3\,\frac{h_D}{h} \cdot \left(\frac{B_c - D_n}{B_c}\right)^{2.6} \cdot D_n \cdot K_\alpha \tag{E. 0. 2}$$

式中：D_n——漫水丁坝在垂直水流方向上的投影长度（m）；

h_D——漫水丁坝高（m）；

h——设计水位时的坝址断面平均水深（m）；

B_c——设计水位时的水面宽度（m）；

K_α——水流与漫水丁坝轴线交角 α 的修正系数。

$\alpha=90^\circ$（正交）时

$$K_\alpha = 1$$

$\alpha>90^\circ$（上挑）时

$$K_\alpha = \left(\frac{\alpha}{90}\right)^{-0.6}$$

$\alpha<90^\circ$（下挑）时

$$K_\alpha = \left(\frac{\alpha}{90}\right)^{1.3}$$

2　弯曲河段，流向向岸（弯顶上游）时，防护长度小于计算回流长度；流向离岸（弯顶下游）时，防护长度大于计算回流长度，可分情况用图解求得，如图 E.0.2 所示。

1）流向向岸时，在坝址平面图上以坝长 D_n 为短半轴，以回流长度 L 为长半轴，作椭圆线与岸交点即为防护长度末端点。

2）流向离岸时，在坝址平面图上，以坝长 D_n 为一直角边，以回流长度 L 为另一直角边，作斜线并延长交于岸线的点即为防护长度末端点。

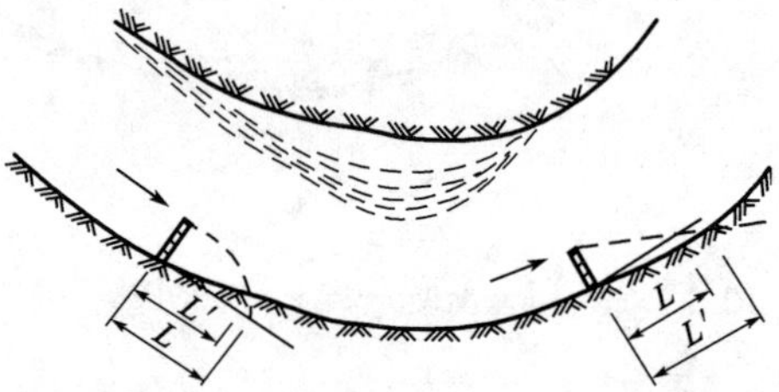

图 E.0.2　淹没式丁坝弯曲河段的图解示意

附件 1　糙率表

附表 1-1　天然河道洪水糙率系数表

（一）河槽部分

河段平面及水流状态	河床质的组成及起伏情况	岸壁及植被情况	$1/n$
河段顺直或下游略有扩散，断面宽敞、规则、水流通畅的河段	砂质或土质河床，河底平顺	平顺的土岸或人工堤防	55（45～65）
		略有坍塌的土岸或长稀疏杂草的平顺土岸	50（40～60）
	卵石、圆砾河床，河底较平顺	砂、圆砾河岸或平整的岩岸	45（36～54）
		不够平整的岩岸或长中密灌丛的河岸	40（32～48）
	卵石、块石河床；生长水生植物的河床	不平顺的砂砾河岸；风化剥蚀的岩岸	35（28～42）
		不平顺的岩岸或长中密灌丛的河岸	30（24～36）
河段上、下游接弯道或下游有卡口、支流汇入等束水影响；复式断面河段；水流不够通畅的河段	砂、圆砾河床，边滩交错	有坍塌的土岸或砂砾河岸；风化岩岸	45（36～54）
		不平顺的岩岸或长中密灌丛的河岸	40（32～48）
	卵石、圆砾河床，不够平顺；长中密水生植物的河床	岩岸或不平顺的卵石、圆砾河岸	35（28～42）
		不平顺的岩岸或长中密灌丛的河岸	30（24～36）
	卵石、块石、漂石河床，间有深坑、石梁或生长水生植物的河床	参差不齐的卵石、圆砾河岸或土岸；略有凹凸的岩岸	25（20～30）
		参差不齐的岩岸或灌木丛生的河岸	20（16～24）

续上表

河段平面及水流状态	河床质的组成及起伏情况	岸壁及植被情况	$1/n$
山区峡谷河段；急弯间的河段或弯曲河段；阻塞的复式断面河段；水流曲折不畅、流向紊乱的河段	砂、圆砾河床，边滩，沙洲犬牙交错	人工堤防强制弯曲者	35（28～42）
		有矶石或丁坝挑流者	30（24～36）
	卵石、圆砾河床，起伏不平，或长水生植物河床	参差不齐的卵石、圆砾河岸或长中密灌丛的河岸	25（20～30）
		参差不齐的岩岸或灌木丛生的河岸	20（16～24）
	卵石、块石、大漂石河床，石梁、跌水、孤石交错，或水生植物稠密、阻水严重的河床	参差不齐的岩岸或灌木丛生的河岸	15（12～18）
		两岸时有岩嘴突出，很不平顺，形成强烈斜流、回水、死水的河岸	12（10～14）

（二）河滩部分

滩地植被情况	平面及水流状态	$1/n$
基本无植物或仅生稀疏草丛的河滩	平面顺直，纵向平坦，水流通畅，没有串流且滩宽不大者	25（20～30）
	下游有束水影响，水流不够通畅；水流虽通畅但河滩甚宽者（滩宽为槽宽的3倍以上）	20（15～25）
长有中等密度植物或垦为耕地的河滩	下游无束水影响，河滩甚宽或有束水影响滩宽较窄	15（12～18）
	平面不够顺直，下游有束水影响，河滩甚宽	10～13
长有稠密灌木丛或杂草林木丛生，阻水严重的河滩	—	7～10

（三）使用说明

1. 采用曼宁糙率 n 的倒数 $1/n$ 作为统计分析值。因此，从附表1-1查得的 $1/n$ 值，必须用曼宁公式计算断面流速系数，即 $C=\frac{1}{n}R^{\frac{1}{6}}$；断面平均流速用 $\bar{v}=C\sqrt{RI}$ 计算。

2. 表中描述的河段长度，一般为4～8倍高水时的河宽，但不应小于300m。

3. 河床质组成分类及其平均粒径变幅为：砂（0.05～2.00mm）；圆砾（2～20mm）；卵石（20～200mm）；块石、漂石（200mm以上）。

4. 包括河槽与河滩的断面称为复式断面。发生底沙运动的那部分河床（包括边滩）称为河槽；只有洪水流过而不发生泥沙运动的那部分河流泛滥宽度称为河滩。河滩一般种有作物或有茂密的植被。

5. 稀疏杂草或灌丛：人行其中无甚阻碍；中密灌丛或农作物：人行其中多受阻碍；稠密灌丛：人难入其中。

6. 表中 $1/n$ 值当洪水坡度变化在千分之一以上者，可采用括号内较低的数值；当洪水坡度变化在万分之一以下者，可采用括号内较大的数值。

7. 测流河段的形态是千变万化的，可以形成各种各样的组合。应用时，首先应弄清调查工点的河段平面和水流状态属于表列三类中的哪一类，其次才是河床质的组成和起伏情况，岸壁及植被情况是第三位的。调查工点的河段特性若与表列的组合方式不尽相同，可以根据实际情况，对表列数值适当调整。

附表 1-2　人工管道的糙率 *n* 值

管 道 类 别	*n* 值
带釉陶管	0.013
混凝土和钢筋混凝土管	0.013～0.014
石棉水泥管	0.012
铸铁管	0.013
钢管	0.012

附表 1-3　各种明渠或桥下河床糙率 *n* 值

明渠面壁材料情况及描述	表面粗糙情况		
	较 好	中 等	较 差
1. 土渠			
清洁、形状正常	0.020	0.022 5	0.025
不通畅，并有杂草	0.027	0.030	0.035
渠线略有弯曲、有杂草	0.025	0.030	0.033
挖泥机挖成的土渠	0.0275	0.030	0.033
砂砾渠道	0.025	0.027	0.030
细砂砾渠道	0.027	0.030	0.033
土底、石砌坡岸渠	0.030	0.033	0.035
不光滑石底、有杂草的土坡渠	0.030	0.035	0.040

续上表

明渠面壁材料情况及描述	表面粗糙情况		
	较好	中等	较差
2. 石渠			
清洁的、形状正常的凿石渠	0.030	0.033	0.035
粗糙的不规则断面的凿石渠	0.040	0.045	
光滑均匀的石渠	0.025	0.035	0.040
精细开凿的石渠		0.02～0.025	
3. 各种材料护面的渠道			
三合土（石灰、砂、煤灰）护面	0.014	0.016	
浆砌砖护面	0.012	0.015	0.017
条石砌面	0.013	0.015	0.017
浆砌块石护面	0.017	0.022 5	0.030
干砌块石护面	0.023	0.032	0.035
4. 混凝土渠道			
抹灰的混凝土或钢筋混凝土护面	0.011	0.012	0.013
无抹灰的混凝土或钢筋混凝土护面	0.013	0.014～0.015	0.017
喷浆护面	0.016	0.018	0.021

附表 1-4　黏性泥石流沟糙率 *n* 值

泥石流阻力分类	泥石流特征及沟床条件	纵坡	不同深度的 *n* 值		
		I	<1.0m	2.5m	4.0m
高阻型	泥石流流体中小于 2mm 的固体物质，主要是由沙（2～0.05mm）组成的稀性浆体。浆体中石块粗大，大小悬殊，龙头几乎全由大石块组成，其重度达 19～22kN/m^3，沟床是糙率最大的情况，陡急弯曲，沟床质由石块、泥沙组成，多巨石突起和跌坎	0.08～0.16	0.14	0.17	0.20
中阻型	泥石流流体中小于 2mm 的固体物质，主要是由粉砂（0.05～0.005mm）组成的黏性浆体。浆体中的中等石块较多（一般直径 0.5～1.0m），与浆体呈整体运动，沟床糙率中等，河床质由碎石、泥沙组成，床面突起不大	0.06～0.12	0.06	0.08	0.10

续上表

泥石流阻力分类	泥石流特征及沟床条件	纵坡	不同深度之 n 值		
		I	<1.0m	2.5m	4.0m
低阻型	泥石流流体中小于2mm的固体物质主要是由黏土（<0.005mm）组成的塑性浆体。浆体中的粗粒同浆液搅拌得十分均匀，如同混凝土砂浆，流体内巨石较少，重度可在19～23kN/m^{3}之间。沟床糙率最小，河床质由碎石、泥沙组成，床面顺直平整	0.05～0.08	0.038	0.05	0.06

附件 2　全国各水文分区流量计算参数

附表 2-1　各水文分区流量计算参数表

分区编号	分区名称	$\overline{Q}=CF^{n_1}$				$Q_{2\%}=KF^{n'_1}$				$\frac{Q_{1\%}}{Q_{2\%}}$	公式使用说明
		C	n_1	误差（%）		K	n'_1	误差（%）			
				平均	最大			平均	最大		
1	三江平原区	1.67	0.65			8.24	0.65	11	30.5	1.17	
2	大小兴安岭地区	2.14～3.00	0.65			7.0～17.3	0.65	21.5	59	1.17	$C=2.14$ 为三江口以上黑龙江流域各支流（我国一侧）及汤旺河流域；$C=3.00$ 为拉河流域；其他流域$C=2.51$。 $K=7.00$ 适用于三江口以上黑龙江流域各支流。 $K=10$ 适用于穆棱河、芬河、蚂蚁河、汤旺河及该区范围内松花江沿岸各支流。 $K=17.3$ 适用于拉林河、呼兰河水系
3	嫩江流域区	0.38	0.80			1.09～2.60	0.80	18.7	49.4	1.17	$K=1.09$ 适用于嫩江县以上各支流。 $K=1.47$ 适用于嫩江县以下各支流（讷谟尔、乌裕尔水系除外）。 $K=2.60$ 适用于讷谟尔、乌裕尔水系
4	海拉尔河上游区	0.71	0.65			2.13	0.65	16.5	32	1.10	
5	图、牡、绥区	0.33	0.88	36	145	2.00	0.86	39	187	1.09	

续上表

分区编号	分区名称	$\overline{Q}=CF^{n_1}$				$Q_{2\%}=KF^{n'_1}$				$\frac{Q_{1\%}}{Q_{2\%}}$	公式使用说明
		C	n_1	误差（%）		K	n'_1	误差（%）			
				平均	最大			平均	最大		
6	二松、拉区	0.46	0.88	40	166	8.00	0.74	33	108	1.10	
7	鸭绿江区	1.04	0.85	23	51	2.90	0.93	19	57	1.08	
8	东辽河区	5.64	0.45	34	71	48.00	0.45	46	83	1.12	
9	松嫩平原区										
10	洮蛟山丘陵区	2.50	0.49	40	136	47.00	0.40	25	67	1.08	
11	霍内上游区										缺观测资料
12	西辽河下游区										缺观测资料
13	辽东北部区	0.97	0.84	13.1	29.4	10.10	0.75	21.8	38.7	1.17～1.31	采用等值线
14	辽东及沿海山丘区	7.40	0.70	22.9	62.9	33.70	0.68	16.6	45.9	1.13～1.28	采用等值线
15	辽河平原区	4.87	0.68	17.8	36.3	10.90	0.75	21.1	43.3	1.09～1.22	采用等值线
16	辽西丘陵区	6.80	0.65	17.1	55.0	16.5	0.72	15.7	37.5	1.16～1.30	采用等值线
17	辽西山丘区	3.40	0.65	16.1	39.7	52.00	0.50	28.3	59.5	1.09～1.33	采用等值线
18	辽西风沙区	0.16	0.84	13.3	34.8	4.10	0.61	19.2	46.2	1.12～1.27	采用等值线
18′	辽河丘陵区	5.88	0.61	8	12	4.50	0.91	3	5	1.09	
19	深山区	9.60	0.60	19	54	57.00	0.60	30	74	1.22	
20	沿海丘陵区	3.10	0.85	16	70	15.00	0.85	23	77	1.21	
21	浅山区	5.90	0.55	25	77	24.00	0.55	34	116	1.25	
22	北部高原区	0.30	0.60	45	75	1.00	0.60	55	128	1.23	
23											
24	太行山北部区	11.6	0.60	25	69	66.70	0.60	18	68	1.27	
25	坝下山区	3.26	0.60	15	33	13.80	0.60	9.2	15	1.20	
26	太行山南部区	10.90	0.55	27	92	66.70	0.55	27	108	1.26	
27	东北部草原丘陵区	0.184	0.50	16.4	21	1.00	0.50	21.2	28.3	1.24	

续上表

分区编号	分区名称	$\overline{Q}=CF^{n_1}$				$Q_{2\%}=KF^{n'_1}$				$\frac{Q_{1\%}}{Q_{2\%}}$	公式使用说明
		C	n_1	误差（%）		K	n'_1	误差（%）			
				平均	最大			平均	最大		
27′	无资料										
28	内陆河草原丘陵区	2.52	0.60	34.3	152	12.00	0.60	39.3	124	1.24	百灵庙站按本区之亚区考虑 $C=0.95$，$K=5.82$，$n_1=0.60$，$n'_1=0.60$
29	大清山、蛮汗山、土石山丘陵区（北）	4.45	0.60	9.9	18.2	23.44	0.60	13.1	27.3	1.25	
30	大清山、蛮汗山、土石山丘陵区（南）	14.5	0.50	6.6	18.5	88.40	0.45	16.8	29.2	1.21	
31	黄河流域黄土丘陵沙丘区	5.76	0.75	16.1	30	37.64	0.70	6.8	15.6	1.22	
32	晋北（Ⅰ）（雁北地区）	8.33	0.50	13	25	60.94	0.45	14	23	1.23	系中线数值，上限为C、K乘1.3，下限为C、K乘0.7。上限一般在植被很差，光土石山区采用；下限一般植被好，森林面积大，汇水面积大的平原区采用
33	晋中（Ⅱ）	5.59	0.60	21	41	16.18	0.66	16	49	1.23	
34	晋东南（Ⅲ）	8.13	0.50	20	34	38.57	0.50	19	42	1.26	
35	晋东南（特）（Ⅲ$_1$）（浊漳河水系）	53.22	0.35	5	8	111.50	0.43	14	27	1.16	
36	同34区										
37	晋西南（Ⅳ）	10.79	0.60	24	40	85.83	0.50	19	42	1.22	
38	鲁山区	19.00	0.60	15.6	46.1	66.83	0.60	17.6	52.9	1.18	$C_V=0.9018/F^{0.00062}$
39	苏鲁丘陵区	0.33	1.00	20.4	39.8	7.15	1.00	40	93.5	1.16	苏鲁丘陵区 $Q_{2\%}=1.09F$，精度差不采用

续上表

分区编号	分区名称	$\overline{Q}=CF^{n_1}$				$Q_{2\%}=KF^{n'_1}$				$\frac{Q_{1\%}}{Q_{2\%}}$	公式使用说明
		C	n_1	误差（%）		K	n'_1	误差（%）			
				平均	最大			平均	最大		
40											
41	苏西地区	4.04	0.71	14.2	27.4	11.14	0.75	12.2	24.5	1.20	
42	淮河平原区	0.47	0.80	15	39	7.65	0.63	17	51	1.15	包括洪、汝、沙、颍、汜、惠济、贾鲁河
43	黄河流域区	2.35	0.73	20	67	7.30	0.78	19	34	1.20	包括伊、洛、漭、沁、济河
44	淮河山丘区	51.00	0.45	19	46	145.00	0.48	28	99	1.18	包括淮河、竹竿、潢、狮、史、史灌、白露河及洪汝、沙、颍河上游
45	长江流域区	8.85	0.65	23	36	58.00	0.57	20	56	1.19	包括丹江、唐、白河水系
46	南、堵、蛮、沮漳、黄柏河	1.35	0.86	18.9	34.1	19.07	0.69	15.1	31.7		
47	汉北区	24.00	0.51	14.8	35	111.00	0.46	13.3	20.8		
48	溰、举、巴、倒蕲、浠水	17.50	0.59	16	34.2	141.70	0.48	10.3	29.9		
49	皖、浙、赣山丘区	$0.26H_{24}^{1.5}\times10^{-2}$	0.85	15	45	$0.88H_{24}^{2}\times10^{-3}$	0.85	18.7	52	1.08～1.23	（一）本区分 $F<3\,000km^2$ 及 $F>3\,000km^2$ 统计，调节参数 H_{24} 指数相同，F 指数不同。 （二）$F<3\,000km^2$ 时，$\overline{Q}$ 中 C 值变幅分中上限 0.29～0.37，安徽省大别山区用上限，其他地区用中限。 （三）$F>3\,000km^2$ 时，$Q_{2\%}$ 中 K 值变幅为 0.62～1.10，安徽省大别山区用 1.1，其他地区用 0.85
		$0.3H_{24}^{1.5}\times10^{-1}$	0.54	18	39	$6.8H_{24}^{2}\times10^{-3}$	0.52	23.5	44.4	1.06～1.14	

续上表

分区编号	分区名称	$\overline{Q}=CF^{n_1}$				$Q_{2\%}=KF^{n'_1}$				$\frac{Q_{1\%}}{Q_{2\%}}$	公式使用说明
		C	n_1	误差（%）		K	n'_1	误差（%）			
				平均	最大			平均	最大		
50	瓯江、椒江、奉化江、曹娥江水系	$6.52H_{24}\times10^{-2}$ $13.9H_{24}\times10^{-2}$	0.76 0.68	10.1	33	$0.35H_{24}$ $1.56H_{24}$	0.66 0.50	12.5	32.2	1.15	（一）本区分 $F<3\ 000\text{km}^2$ 及 $F>3\ 000\text{km}^2$ 统计，调节参数 H 指数相同，F 指数不同。 （二）$F<3\ 000\text{km}^2$ 时，$\overline{Q}$ 中 C 值为 6.52，$Q_{2\%}$ 中 K 值为 0.35，用于沿海台风区及内陆梅雨区。 （三）$F>3\ 000\text{km}^2$ 时，$\overline{Q}$ 中 C 值为 13.9，$Q_{2\%}$ 中 K 值为 1.56，用于过渡区
51	闽、浙沿海台风雨区	$1.15\sim1.33\times10^{-2}H_{24}^{1.4}$	0.75	7.6	14.4	$3.47\times10^{-2}H_{24}^{1.4}$	0.75	10.2	25.1	1.15	浙江省水系 $C=1.15\times10^{-2}H_{24}^{1.4}$； 福建省水系 $C=1.35\times10^{-2}H_{24}^{1.4}$
52	福建沿海台风区	$6.7\times10^{-3}H_{24}^{1.6}$	0.65	12.5	28.7	$17.2\times10^{-3}H_{24}^{1.4}$	0.65	15.5	42.3 23	1.14 1.23	九江水系 $C=6.6\times10^{-3}H_{24}^{1.6}$，$K=6.0\times10^{-2}H_{24}^{1.4}$； 其余水系 $C=7.2\times10^{-3}H_{24}^{1.6}$，$K=5.5\times10^{-2}H_{24}^{1.4}$
53	福建内陆锋面雨区	$2.7\times10^{-3}H_{24}^{1.6}$	0.75	8.8	26.9	$6.22\times10^{-3}H_{24}^{1.3}$	0.75	13.0	40.6	1.14	建溪水系 $C=3.1\times10^{-3}H_{24}^{1.6}$，$K=6.0\times10^{-2}H_{24}^{1.3}$； 沙溪水系 $C=2.6\times10^{-3}H_{24}^{1.6}$，$K=5.2\times10^{-2}H_{24}^{1.3}$； 其余水系 $C=2.7\times10^{-3}H_{24}^{1.6}$，$K=5.5\times10^{-2}H_{24}^{1.3}$

续上表

分区编号	分区名称	$\overline{Q}=CF^{n_1}$				$Q_{2\%}=KF^{n'_1}$				$\frac{Q_{1\%}}{Q_{2\%}}$	公式使用说明
		C	n_1	误差（%）		K	n'_1	误差（%）			
				平均	最大			平均	最大		
54	赣江区	5.4	0.70	9.4	23.1	25.3	0.61	16.7	28.4	1.12	
55	金、富、陆、修水区	4.85	0.77	10.3	36.2	19.0	0.72	9.6	20.2		
56	湖区										
57	清江三峡区	4.30	0.77	13.6	26.8	24.50	0.66	14.0	33.9		
58	澧水流域区	11.44	0.71	13.2	43.0	45.20	0.63	11.5	28.2	1.10	除63区外，包括沅水干支流地区藏江、黔域等以上地段的沅水支流及渠水、巫水上游地区
59	沅水中下游区	6.76	0.72	14.1	35	23.09	0.68	15.9	36.6	1.20	
60	沅水上游区	2.47	0.78	12.1	30.2	7.91	0.75	13.1	31.7	1.14	
61	资水流域区	11.95	0.62	8.2	22.1	31.59	0.59	12.6	24.9	1.10	
62	湘江流域区	2.77	0.78	13.2	32.4	7.23	0.75	16.9	48.2	1.10	
63	内陆区	$0.0046 H_{24}^{1.6}$	0.65	6.5	−18	$0.024 H_{24}^{1.6}$	0.55	9.5	−27	1.13	
64	沿海区	$0.0033 H_{24}^{1.6}$	0.65	10.5	26	$0.0166 H_{24}^{1.6}$	0.55	12.3	29	1.13	
65	郁江、贺江区	7.92	0.70	14.8	57	55	0.55	12.7	57	1.12	
66	柳江、桂江区	22.50	0.60	16.4	54	52.8	0.60	24.3	66	1.13	
67	红水河区	8.20	0.60	18.2	39	45.00	0.50	21.6	49	1.14	
68	左右江区	3.30	0.70	14.4	27	12.00	0.64	10.6	17	1.15	
69	沿海区	13.51	0.60	20.9	40	78.00	0.50	19.1	28	1.15	防域河流域C值采用58.1，K值采用284
70	海南（西北区）岛区（东区）	$0.0059 H_{24}^{1.6}$	0.65	11.4	−36	149.00	0.55	18.6	41	1.17	
71	台湾省										
72	阿尔泰区	0.39～0.73	0.80	22	44	1.16～2.14	0.75	14	33	1.11	额尔齐期主流C=0.18，K=0.69
73	伊力区	0.31～0.58	0.75	28	75	0.54～1.00	0.75	20	58	1.09	
74	天山北坡区	0.27～0.50	0.80	45	129	0.82～1.52	0.80	39	78	1.17	

续上表

分区编号	分区名称	$\overline{Q}=CF^{n_1}$				$Q_{2\%}=KF^{n'_1}$				$\frac{Q_{1\%}}{Q_{2\%}}$	公式使用说明
		C	n_1	误差（%）		K	n'_1	误差（%）			
				平均	最大			平均	最大		
75	天山南坡区	1.66～2.84	0.60	20	63	7.13～13.25	0.53	30	88	1.13	开都河水系 $C=1.0$，$K=4.23\sim7.13$
76	昆仑山北坡区	0.28～0.52	0.80	20	58	2.97、1.60	0.80	25	53	1.15	和田地区 $C=1.12\sim2.08$； 喀什地区 $K=2.08\sim3.86$
77	阿左旗荒漠区										缺资料
78	贺兰山、六盘山区	5.20 上限 8.00 下限 3.60	0.60	25.4	77.5	23.00 上限 34.00 下限 16.00	0.60	25.9	104	1.25	固原东部茹河水系、贺兰山北段用上限，西吉、泾源、香山地区用下限
79	吴忠盐池区	2.20	0.60	21.6	61.8	5.5	0.60	33.4	119	1.20	红柳沟上游、苦水河上游用上限，苦水河下游盐池内陆河用下限
80	河西走廊北部荒漠区										无资料地区
81	河西走廊西区	0.010 0.014 0.001 8	0.90	24	52	0.042 0.060 0.078	0.90	25	75	1.23	
82	河西走廊东区	0.049 0.070 0.091	0.90	15	33	0.390 0.555 0.720	0.85	21	50	1.26	荒漠边缘区 $C=0.03$，$n_1=0.90$；$K=0.19$，$n'_1=0.85$
83	祁连山区	0.810 1.15 1.49	0.67	22	56	14.29 20.46 26.62	0.45	18	43	1.23	
84	中部干旱区	0.485 0.690 0.890	0.75	26	138	10.94～15.49	0.55	21	97	1.21	
85	黄河上游Ⅰ区	0.060 0.850 0.110	0.90	15	32	1.29 1.84 2.38	0.71	20	99	1.18	大峪沟、冶木河、广通河 $C=0.24$，$n_1=0.90$；$K=2.38$，$n'_1=0.71$

续上表

分区编号	分区名称	$\overline{Q}=CF^{n_1}$				$Q_{2\%}=KF^{n'_1}$				$\frac{Q_{1\%}}{Q_{2\%}}$	公式使用说明
		C	n_1	误差（%）		K	n'_1	误差（%）			
				平均	最大			平均	最大		
86	陇东、泾、渭、汉区	2.89 4.10 5.30	0.64	26	67	22.26 ～ 44.65	0.55	28	72	1.23	
87	陇南白龙江区	0.210 0.300 0.390	0.82	24	116	0.94～ 1.55	0.77	19	45	1.14	
88-Ⅰ	黄河上游Ⅱ区	0.14	0.88			0.58	0.76			1.11	
88-Ⅱ	湟水、大通河区	2.0	062			13.4	0.49			1.14	
88-Ⅲ	青海湖区	4.71	0.48			19.5	0.42			1.22	
88-Ⅳ	柴达木地区	0.31	0.69			1.19	0.68			1.16	
88-Ⅴ	玉树区	0.64	0.70			1.38	0.74			1.13	
88-Ⅵ	祁连山区	0.72	0.74			5.67	0.63			1.19	
89	陕北窟野河区	48.5	0.48	19.8	53.7	320.00	0.45	14.4	42.0	1.20	
90	陕北大理河、延河区	6.10	0.65	23.3	42.1	13.80	0.72	17.3	40.5	1.18	
91	渭河北岸泾、洛、渭区	2.80	0.64	14.4	26.7	31.20	0.53	12.0	34.0	1.30	
92	渭河南岸秦岭北麓区	1.90	0.83	17.3	51.6	3.69	0.92	13.9	47.1	1.10	
93	陕西山岭区	3.50	0.76	13.9	45.0	15.90	0.70	12.0	47.0	1.10	
94	大巴山暴雨区	5.77	0.80	22.9	44.4	25.40	0.73	18.5	41.6		
95	东部盆地丘陵区	4.80	0.73	19.0	53.4	11.22	0.73	14.1	36.7		
96	长江南岸深丘区	5.32	0.73	14.9	38.4	10.70	0.74	20.7	49.9		
97	青衣江、鹿头山暴雨区	17.20	0.64	22.9	61.6	23.62	0.69	19.8	54.6		

续上表

分区编号	分区名称	$\overline{Q}=CF^{n_1}$				$Q_{2\%}=KF^{n'_1}$				$\frac{Q_{1\%}}{Q_{2\%}}$	公式使用说明
		C	n_1	误差（%）		K	n'_1	误差（%）			
				平均	最大			平均	最大		
98	安宁河区	3.92	0.68	17.4	45.4	9.10	0.66	23.7	40.8		
99	川西北高原干旱区	54.00	0.32	14.1	38.0	74.00	0.38	25.1	42.8		
100	金沙江及雅砻江下游区	1.55	0.69	18.4	41.0	6.60	0.59	19.7	50.1		
101	贵州东南部多雨区	高 8.00 中 6.43 低 5.23	0.70	17.14	26.5	55.70 42.80 33.80	0.60	13.3	22.0	1.20	黔东北锦江、松桃江，黔东南都柳江、樟江可用高值；清水河各支流及干流下游段可用中值；清水河中游及六洞河可用低值；雷公山、梵净山地区用高值
102	贵州中部过渡区	高 6.12 中 4.61 低 3.65	0.70	13.33	27.2	39.80 29.10 21.10	0.60	18.2	45.1	1.20	乌江支流、青永江中下游、石阡河西江水系的六洞河可用高值；乌江中下游干支流，西江水系的平圹河，濛江以及赤水河下游、沅阳河上游采用中值；赤水河中上游以及沅阳河中下游采用低值
103	贵州西部少雨区	高 3.88 中 3.01 低 2.38	0.70	14.48	29.8	21.10 17.30 13.10	0.60	13.6	62.3	1.20	北盘江下游用高值；北盘山中上游六冲河、乌江鸭池河至乌江渡干河北岸各支流用中值；三岔河上游、南盘江贵州境内干支流及威宁、华节、赫章等地区用低值

续上表

分区编号	分区名称	$\overline{Q}=CF^{n_1}$				$Q_{2\%}=KF^{n'_1}$				$\frac{Q_{1\%}}{Q_{2\%}}$	公式使用说明
		C	n_1	误差（%）		K	n'_1	误差（%）			
				平均	最大			平均	最大		
104	滇东区	3.60	0.60	21.8	109	1.80	0.80	32.1	117	1.14	$C=2.9\sim4.5$，$K=1.45\sim2.5$，按云南省增划的副区使用，以利提高精度（资料另详）
105	滇中区	1.20	0.70	25.5	52	3.00	0.65	44.9	135	1.12	$C=0.95\sim1.54$，$K=2.55\sim4.5$，按云南省增划的副区使用，以利提高精度（资料另详）
106	滇西北区	0.80	0.80	23.6	89	7.50	0.65	27.5	83	1.17	$C=0.6\sim1.04$，$K=5.6\sim11.2$，按云南省增划的副区使用，以利提高精度（资料另详）
107	滇南区	1.23	0.83	19.3	40	6.40	0.75	24.2	58	1.13	$C=1.0\sim1.6$，$K=4.8\sim8.45$，按云南省增划的副区使用，以利提高精度（资料另详）
108	滇西区	3.30	0.70	20.6	50	6.90	0.70	31.7	67	1.10	$C=2.64\sim4.2$，$K=5.2\sim9.6$，按云南省增划的副区使用，以利提高精度（资料另详）
109	西藏高原湖泊区										无资料
110	西藏东部区	0.09	0.95	7.4	19.8	0.50	0.85	7.0	14.6	1.08	参见有关资料
111	雅鲁藏布江区	0.77	0.75	15.1	37.4	1.40	0.75	9.6	28.3	1.09	参见有关资料

附表 2-2　各水文分区 C_V 值

分区编号	分区名称	流域面积（km^2）							
		100	250	500	1 000	5 000	10 000	25 000	50 000
1	三江平原区	采用等值线							
2	大小兴安岭地区	采用等值线							
3	嫩江流域区	采用等值线							
4	海拉尔河上游区	采用等值线							
5	图、牡、绥区	1.55	1.40	1.30	1.20	1.01	0.94	0.85	0.80
6	二松、拉区	1.31	1.22	1.17	1.11	0.99	0.94	0.88	0.83
7	鸭绿江区	1.08	1.05	1.02	1.00	0.95	0.92	0.90	0.87
8	东辽河区	1.25	1.22	1.20	1.19	1.14			
9	松嫩平原区	缺观测资料							
10	洮蛟山丘陵区	1.73	1.61	1.52	1.43	1.26	1.19	1.10	1.04
11	霍内上游区	缺观测资料							
12	西辽河下游区	缺观测资料							
13	辽东北部山区	采用等值线							
14	辽东及沿海山丘区	采用等值线							
15	辽河平原区	采用等值线							
16	辽西丘陵区	采用等值线							
17	辽西山丘区	采用等值线							
18	辽西风沙区	采用等值线							
18′	辽河丘陵区		1.06	1.00	0.94	0.82			
19	深山区	采用等值线							
20	沿海丘陵区	采用等值线							
21	浅山区	采用等值线							
22	北部高原区	采用等值线							
23		采用等值线							
24	太行山北部区	采用等值线							
25	坝下山区	采用等值线							
26	太行山南部区	采用等值线							
27	东北部草原丘陵区	1.30	1.26	1.24	1.20	1.12	1.10		
28	内陆河草原丘陵区	1.42	1.37	1.32	1.28	1.20	1.16		

续上表

分区编号	分区名称	流域面积 (km²)							
		100	250	500	1 000	5 000	10 000	25 000	50 000
29	大清山、蛮汗山、土石山丘陵区（北）	1.60	1.52	1.47	1.44	1.37	1.32		
30	大清山、蛮汗山、土石山丘陵区（南）	1.40	1.25	1.15	1.07	0.88	0.80		
31	黄河流域黄土丘陵沙丘区	1.40	1.30	1.20	1.13	0.95	0.90		
32	晋北（Ⅰ）（雁北地区）	1.40	1.40	1.40	1.35	1.14	1.04	0.92	
33	晋中（Ⅱ）区	1.40	1.30	1.22	1.16	1.00	0.94	0.88	
34	晋东南（Ⅲ）区	1.22	1.18	1.16	1.12	1.06	1.03	1.00	
35	晋东南（特）（Ⅲ）（浊漳河水系）	1.05	1.05	1.05	1.05	1.05	1.05	1.05	
36	同 34 区								
37	晋西南（Ⅳ）	1.32	1.22	1.17	1.12	1.00	0.96	0.90	
38	鲁山区	$C_V=0.9018/F^{0.0062}$							
39	苏鲁丘陵区	采用等值线							
40									
41	苏西地区								
42	淮河平原区	采用等值线							
43	黄河流域区	采用等值线							
44	淮河山丘区	采用等值线							
45	长江流域区	采用等值线							
46	南、堵、蛮、沮漳、黄柏河	$F\leqslant300$，$C_V=1.02$；$F>300$，$C_V=3.84\times F^{-0.64}$							
47	汉北区	$C_V=1.7\times F^{-0.115}$							
48	滠、举、巴、倒蕲、浠水	$F\leqslant560$，$C_V=1.12$；$F>560$，$C_V=5.68\times F^{-0.29}$							
49	皖、浙、赣山丘区	$C_V=2.9\times F^{-0.2}$							
50	瓯江、椒江、奉化江、曹娥江水系	$C_V=2.15/F^{0.08}$							
51	闽、浙沿海台风雨区	0.76	0.71	0.67	0.63	0.54			
52	福建沿海台风雨区	0.60	0.57	0.55	0.53	0.48	0.46	0.44	
53	福建内陆锋面雨区	0.60	0.54	0.51	0.48	0.40	0.37	0.34	(0.32)

续上表

分区编号	分区名称	流域面积（km^2）							
		100	250	500	1 000	5 000	10 000	25 000	50 000
54	赣江区	0.80	0.71	0.65	0.58	0.47	0.43	0.38	0.34
55	金、富、陆、修水区	$C_V=0.94F^{-0.06}$							
56	湖区								
57	清江三峡区	$C_V=2.4F^{-0.2}$							
58	澧水流域区		0.70	0.50	0.43	0.38	0.34	0.34	
59	沅水中下游区		0.70	0.64	0.60	0.56	0.54	0.51	0.35
60	沅水上游区		0.70	0.64	0.60	0.56	0.54	0.51	0.35
61	资水流域区				0.60	0.40	0.40	0.40	
62	湘江流域区	0.59	0.55	0.53	0.45	0.45	0.43	0.36	
63	内陆区	0.72	0.64	0.58	0.53	0.44	0.40		
64	沿海区	0.72	0.64	0.58	0.53	0.44	0.40		
65	郁江、贺江区	0.80	0.71	0.64	0.58	0.46	0.42		
66	柳江、桂江区	0.80	0.71	0.64	0.58	0.46	0.42		
67	红水河区	0.80	0.71	0.64	0.58	0.46	0.42		
68	左右江区	0.85	0.78	0.71	0.66	0.52	0.47		
69	沿海区	0.85	0.78	0.71	0.66	0.52	0.47		
70	海南岛区（西北区）	0.72	0.64	0.58	0.53	0.44	0.40		
	海南岛区（东区）	0.88	0.85	0.83	0.80	0.76	0.74		
71	台湾省								
72	阿尔泰区	采用等值线							
73	伊力区	采用等值线							
74	天山北坡区	采用等值线							
75	天山南坡区	采用等值线							
76	昆仑山北坡区	采用等值线							
77	阿左旗荒漠区								
78	贺兰山、六盘山区	1.20	1.10	1.04	0.98	0.84	0.78		
79	吴忠盐池区	1.20	1.10	1.04	0.98	0.84	0.78		
80	河西走廊北部荒漠区								

续上表

分区编号	分区名称	流域面积（km^2）							
		100	250	500	1 000	5 000	10 000	25 000	50 000
81	河西走廊西区	采用等值线							
82	河西走廊东区	采用等值线							
83	祁连山区	采用等值线							
84	中部干旱区	采用等值线							
85	黄河上游Ⅰ区	采用等值线							
86	陇东、泾、渭、汉区	采用等值线							
87	陇南白龙江区	采用等值线							
88-Ⅰ	黄河上游Ⅱ区	$C_V=3.51F^{-0.21}$							
88-Ⅱ	湟水、大通河区	$C_V=3.01F^{-0.21}$							
88-Ⅲ	青海湖区	$C_V=1.68F^{-0.14}$							
88-Ⅳ	柴达木地区								
88-Ⅴ	玉树区	$C_V=0.11F$							
88-Ⅵ	祁连山区								
89	陕北窟野河区	1.55	1.45	1.30	1.23	1.06	1.00	0.92	0.86
90	陕北大理河、延河区	1.55	1.45	1.30	1.23	1.06	1.00	0.92	0.86
91	渭河北岸泾、洛、渭区	1.52	1.42	1.31	1.24	1.09	1.03	0.97	0.92
92	渭河南岸秦岭北麓区	0.92	0.87	0.81	0.76	0.67	0.64	0.59	0.56
93	陕西山岭区	1.52	1.42	1.31	1.24	1.09	1.03	0.97	0.92
94	大巴山暴雨区		0.72	0.68	0.62	0.52	0.48		
95	东部盆地丘陵区	0.81	0.72	0.66	0.62	0.51	0.47		
96	长江南岸深丘区		0.70	0.63	0.57	0.45	0.41		
97	青衣江、鹿头山暴雨区		0.38～0.80	0.34～0.72	0.32～0.64	0.25～0.52	0.22～0.45		
98	安宁河区	0.75～1.85	0.56～1.20	0.46～0.88	0.36～0.64	0.25～0.30	0.18～0.22		
99	川西北高原干旱区		0.57	0.52	0.49	0.41	0.38	0.34	
100	金沙江及雅砻江下游区	0.69～1.50	0.52～1.10	0.42～0.92	0.34～0.76	0.21～0.47	0.18～0.38		

续上表

分区编号	分区名称	流域面积 (km²)							
		100	250	500	1 000	5 000	10 000	25 000	50 000
101	贵州东南部多雨区	采用等值线							
102	贵州中部过渡区	采用等值线							
103	贵州西部少雨区	采用等值线							
104	滇东区	采用等值线							
105	滇中区	采用等值线							
106	滇西北区	采用等值线							
107	滇南区	采用等值线							
108	滇西区	采用等值线							
109	西藏高原湖泊区	采用等值线							
110	西藏东部区	采用等值线							
111	雅鲁藏布江区	采用等值线							

附表 2-3 各分区 C_S/C_V 值

分区	分区名称	C_S/C_V 的经验关系	分区	分区名称	C_S/C_V 的经验关系
1	三江平原区	2.5	15	辽河平原区	2.5
2	大小兴安岭地区	2.5	16	辽西丘陵区	3
3	嫩江流域区	2.0	17	辽西山丘区	3
4	海拉尔河上游区	2.0	18′	辽河丘陵区	1.5
5	图、牡、绥区	2.5	18	辽西风沙区	3
6	二松、拉区	2.5	19	深山区	2.5
7	鸭绿江区	2.5	20	沿海丘陵区	2
8	东辽河区	3.0	21	浅山区	2.5
9	松嫩平原区	无观测资料	22	北部高原区	3
10	洮、蛟山丘区	1.5	23		
11	霍内上游区		24	太行山北部区	2.5
12	西辽河下游区		25	坝下山区	2.5
13	辽东北部山区	3	26	太行山南部区	2.5
14	辽东及沿海山丘区	3	27	东北部草原丘陵区	3.5

续上表

分区	分 区 名 称	C_S/C_V 的经验关系	分区	分 区 名 称	C_S/C_V 的经验关系
28	内陆河草原丘陵区	2.5	53	福建内陆锋面雨区	3.5
29	大清山、蛮汗山、土石山丘陵区（北）	2.5	54	赣江区	3
30	大清山、蛮汗山、土石山丘陵区（南）	2.5	55	金、富、陆、修水区	2.5
31	黄河流域黄土丘陵沙丘区	2.5	56	湖区	
32	晋北Ⅰ区（雁北地区）	3	57	清江三峡区	2.5、3.5
33	晋中Ⅱ区	3	58	澧水流域区	2.0
34	晋东南Ⅲ区	3	59	沅水中下游区	2.5
35	晋东南特Ⅲ区（浊漳河水系）	3	60	沅水上游区	2.5
36	同34区	3	61	资江流域区	2
37	晋西南Ⅳ区	3	62	湘江流域区	1
38	鲁山区	2.5	63	内陆区	3
39	苏鲁丘陵区	2	64	沿海区	3
40			65	郁江、贺江区	3
41	苏西地区	3	66	柳江、桂江区	3
42	淮河平原区	2	67	红水河区	3
43	黄河流域区	2	68	左右江区	3
44	淮河山丘区	2.5	69	沿海区	3
45	长江流域区	2.5	70	海南岛区（西北区）海南岛区（东区）	
46	南、堵、蛮、沮	3.5、2.5	71		
47	漳、黄柏河区汉北区	2.5	72	阿尔泰区	1.5
48	漫、举、巴、倒薪、浠水	3.5、2.0	73	伊犁区	1.5
49	皖、浙、赣山丘区（1）	2.0～3.5	74	天山北坡区	3.5
	皖、浙、赣山丘区（2）	2.0～3.5	75	天山南坡区	3
50	瓯江、椒江、奉化江、曹娥江水系	2.0～3.5	76	昆仑山北坡区	3.5
51	闽、浙沿海台风雨区	2.0～3.0	77	阿左旗荒漠区	3
52	福建沿海台风区	3	78	贺兰山、六盘山区	3

续上表

分区	分区名称	C_S/C_V 的经验关系	分区	分区名称	C_S/C_V 的经验关系
79	吴忠盐池区	3	96	长江南岸深丘区	2.5
80	河西走廊北部荒漠区	无资料地区	97	青衣江、鹿头山暴雨区	2.5
81	河西走廊西区	3.5	98	安宁河区	2
82	河西走廊东区	3	99	川西北高原干旱区	3
83	祁连山区	3.5	100	金沙江及雅砻江下游区	2
84	中部干旱区	3	101	贵州东南部多雨区	3.5
85	黄河上游Ⅰ区	3	102	贵州中部过渡区	3.5
86	陇东、泾、渭、汉区	3	103	贵州西部少雨区	3.5
87	陇南白龙江区	3.5	104	滇东区	4
88	青海高原区	2～4 一般取 3	105	滇中区	4
89	陕北窟野河区	3	106	滇西北区	4
90	陕北大理河、延河区	3	107	滇南区	4
91	渭河北岸泾、洛渭区	2.5	108	滇西区	4
92	渭河南岸秦岭北麓区	3	109	西藏高原湖泊区	4
93	陕西山岭区	2	110	西藏东部区	4
94	大巴山暴雨区	2	111	雅鲁藏布江区	4
95	东部盆地丘陵区	2			

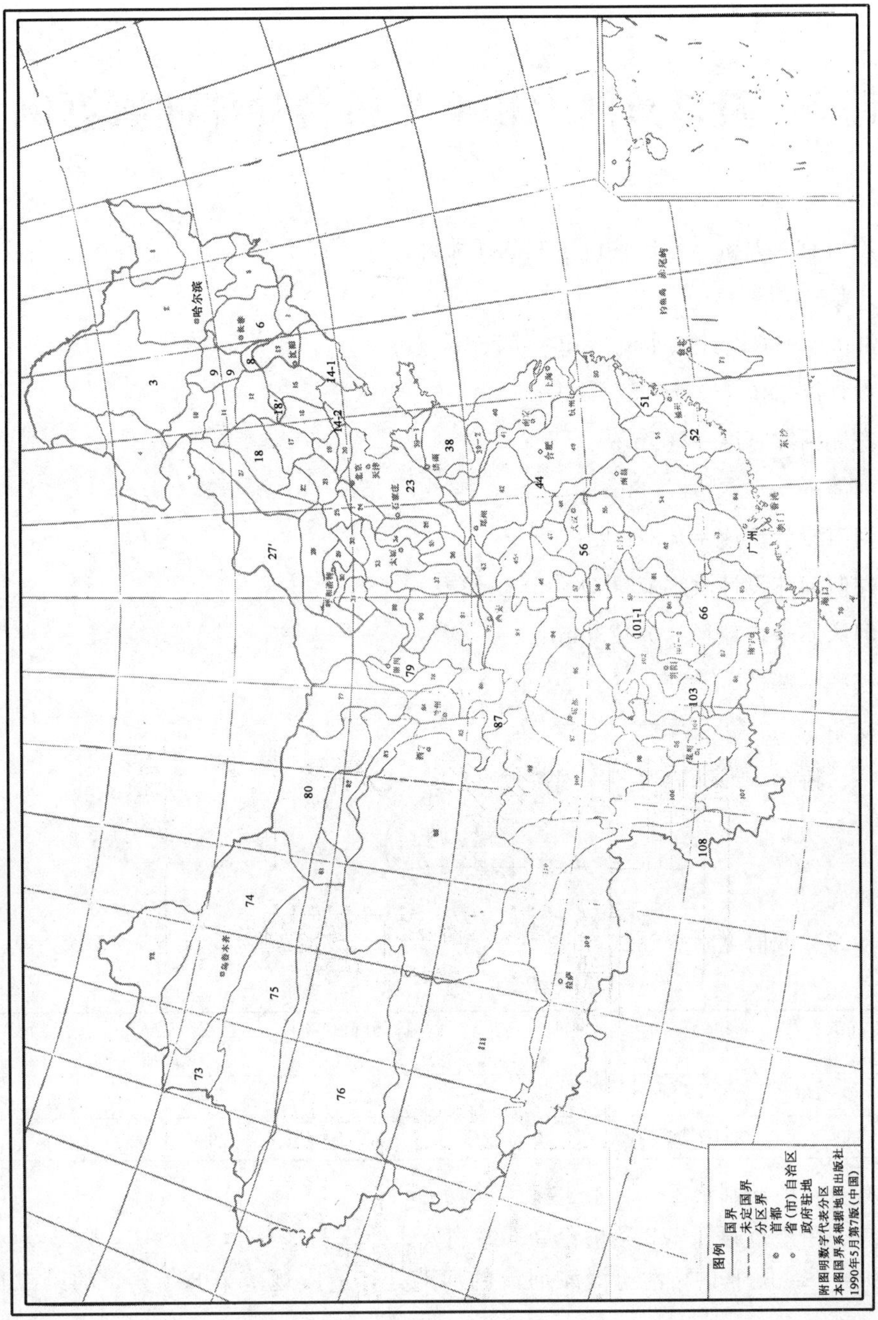

附图2-1 全国水文分区图

附件 3　磴口黄河大桥 0 号桥台局部冲刷算例

磴口黄河大桥 0 号桥台位于左侧河滩处，肋板式桥台。

全长＝1 579m；

300 年一遇设计洪水流量 Q_s＝7 764m^3/s；

设计洪水位 H_s＝1 057.2m；

左侧河滩宽度＝505m；

河滩平均水深＝2.06m；

河滩设计流速＝1.32m/s；

左侧河滩设计洪水流量 Q_s＝553m^3/s；

河床质平均粒径＝0.123mm；

糙率＝23；

交角 α＝90°。

一、桥台一般冲刷按照本规范式（8.3.1-5）计算

$$h_p = \left[\frac{\frac{Q_1}{\mu B_{tj}} \left(\frac{h_{tm}}{h_{tq}} \right)^{\frac{5}{3}}}{v_{H1}} \right]^{\frac{5}{6}}$$

各参数取值见附表 3-1。

附表 3-1　参 数 取 值

河滩设计洪水流量（m^3/s）	河滩最大水深（m）	河滩平均水深（m）	河滩部分桥孔净长（m）	按规范表 8.3.1-3 取值	按规范表 8.3.1-1 取值
Q_1	h_{tm}	h_{tq}	B_{tj}	v_{H1}	μ
553.00	2.824	2.06	475.6	0.34	0.99

桥台一般冲刷水深 h_p＝4.35m。

二、用规范第 8.4.3 条桥台局部冲刷公式计算

0 号桥台位于非黏性土漫滩河流的河滩处，适应规范第 8.4.3 条的第二种情况。

一般冲刷后水深 $h_p=4.35\text{m}$；

河床泥沙平均粒径 $d_s=0.000\,123\text{m}$；

$h_p/d_s=35\,365.85>500$；则采用规范式（8.4.3-2）计算。

$$h_b = 1.17k_\varepsilon k_\alpha h_p \left(\frac{l}{h_p}\right)^{0.6} \left(\frac{\bar{d}}{h_p}\right)^{-0.10} \left[\frac{(v-v_0')^2}{gh_p}\right]^{0.15}$$

（1）一般冲刷后墩前行近流速按照本规范式（8.4.1-9）计算：

$$V = V_{H1} \cdot h_p^{1/5}$$

$$V = 0.46(\text{m/s})$$

（2）河床泥沙起动流速计算：

$$v_0 = 0.0246 \left(\frac{h_p}{\bar{d}}\right)^{0.14} \sqrt{332\bar{d} + \frac{10+h_p}{\bar{d}^{0.72}}}$$

$$v_0 = 0.42(\text{m/s})$$

（3）台形系数 $k_\varepsilon=0.45$。

（4）垂直于流向的桥台长度 $l=6.5\text{m}$。

（5）重力加速度 $g=9.8\text{m/s}^2$。

（6）桥台与水流交角系数按照本规范式（8.4.3-3）计算。

$$k_\alpha = \left(\frac{\alpha}{90}\right)^{0.2}$$

$$K_a = 1.00$$

（7）台前泥沙始冲流速按照本规范式（8.4.1-11）计算。

$$v'_0 = 0.462\left(\frac{\bar{d}}{B_1}\right)^{0.06} v_0$$

或按下式计算：

$$v_0' = (0.3 \sim 0.5)v_0$$

$$v_0' = 0.15\text{m/s}$$

（8）桥台局部冲刷深度 $h_b=3.33\text{m}$。

附件4　各类土质允许（不冲刷）平均流速

附表4-1　人工加固工程的允许（不冲刷）平均流速

序号	加固工程种类	水流平均深度（m） 0.4	1.0	2.0	3.0
		平均流速（m/s）			
1	平铺草皮（在坚实基底上） 叠铺草皮	0.9 1.5	1.2 1.8	1.3 2.0	1.4 2.2
2	用大圆石或片石堆积，当石块平均尺寸为 20～30cm 30～40cm 40～50cm及以上	 3.3 — —	 3.6 4.1 —	 4.0 4.3 4.6	 4.3 4.6 4.9
3	在篱格内堆两层大石块，当石块平均尺寸为 20～30cm 30～40cm 40～50cm及以上	 4.0 — —	 4.5 5.0 —	 4.9 5.4 5.7	 5.3 5.7 5.9
4	青苔上单层铺砌（青苔层厚度不小于5cm）： （1）用15cm大小的圆石（或片石） （2）用20cm大小的圆石（或片石） （3）用25cm大小的圆石（或片石）	 2.0 2.5 3.0	 2.5 3.0 3.5	 3.0 3.5 4.0	 3.5 4.0 4.5
5	碎石（或砾石）上的单层铺砌（碎石层厚度不小于10cm）： （1）用15cm大小的片石（或圆石） （2）用20cm大小的片石（或圆石） （3）用25cm大小的片石（或圆石）	 2.5 3.0 3.5	 3.0 3.5 4.0	 3.5 4.0 4.5	 4.0 4.5 5.0
6	单层细面粗凿石料铺砌在碎石（或砾石）上（碎石层厚度不小于10cm）： （1）用20cm大小的石块 （2）用25cm大小的石块 （3）用30cm大小的石块	 3.5 4.0 4.0	 4.5 4.5 5.0	 5.0 5.5 6.0	 5.5 5.5 6.0
7	铺在碎石（或砾石）上的双层片石（或圆石）： 下层用15cm石块，上层用20cm石块（碎石层厚度不小于10cm）	3.5	4.5	5.0	5.5

续上表

序号	加固工程种类	水流平均深度（m）			
		0.4	1.0	2.0	3.0
		平均流速（m/s）			
8	铺在坚实基底上的枯枝铺面及枯枝铺垫（临时性加固工程用）： （1）铺面厚度 $\delta=20\sim25$cm 时	—	2.0	2.5	—
	（2）铺面为其他厚度时	按上值乘以系数 $0.2\sqrt{\delta}$			
9	柴排： （1）厚度 $\delta=50$cm 时	2.5	3.0	3.5	—
	（2）其他厚度时	按上值乘以系数 $0.2\sqrt{\delta}$			
10	石笼（尺寸不小于 0.5m×0.5m×1.0m 者）	4.0 及以下	5.0 及以下	5.5 及以下	6.0 及以下
11	在碎石层上用 M5 水泥砂浆砌双层片石，其石块尺寸不小于 20cm	5.0	6.0	7.5	
12	M5 水泥砂浆砌石灰岩片石的圬工（石料极限强度不小于 10MPa）	3.0	3.5	4.0	4.5
13	M5 水泥砂浆砌坚硬的粗凿片石圬工（石料极限强度不小于 30MPa）	6.5	8.0	10.0	12.0
14	C20 混凝土护面加固	6.5	8	9	10
	C15 混凝土护面加固	6	7	8	9
	C10 混凝土护面加固	5	6	7	7.5
15	混凝土水槽表面光滑者：				
	（1）C20 混凝土	13	16	19	20
	（2）C15 混凝土	12	14	16	18
	（3）C10 混凝土	10	12	13	15
16	木料光面铺底，基层稳固及水流顺木纹者	8.0	10.0	12.0	14.0

注：表列流速值不得用内插法，水流深度在表值之间时，流速数值采用接近于实际深度的流速。

附表 4-2　黏性土的允许（不冲刷）平均流速

序号	土的名称	颗粒成分(%)		土的特征															
				不密结的土				中等密结的土				密结的土				极密结的土			
		小于0.005(mm)	0.005至0.050(mm)	（孔隙系数1.2～0.9），土的骨料重度在12kN/m³以下				（孔隙系数0.9～0.6），土的骨料重度12～16.6kN/m³				（孔隙系数0.6～0.3），土的骨料重度16.6～20.4kN/m³				（孔隙系数0.3～0.2），土的骨料重度20.4～21.4kN/m³			
				水流平均深度（m）															
				0.4	0.1	0.2	0.3	0.4	1.0	2.0	3.0	0.4	1.0	2.0	3.0	0.4	1.0	2.0	3.0
				平均流速（m/s）															
1	黏土	30～50	70～50	0.35	0.40	0.45	0.50	0.70	0.85	0.95	1.10	1.00	1.20	1.40	1.50	1.40	1.70	1.90	2.10
2	重砂质黏土	20～30	80～70																
3	硗瘠砂质黏土	10～20	90～80	0.35	0.40	0.45	0.50	0.65	0.80	0.90	1.00	0.95	1.20	1.40	1.50	1.40	1.70	1.90	2.10
4	新沉淀的黄土性土	—	—	—	—	—	—	0.60	0.70	0.80	0.85	0.80	1.00	1.20	1.30	1.10	1.30	1.50	1.70
5	砂质土	5～10	20～40	根据砂粒大小采用表附表 4-3 值															

附表 4-3　非黏性土的允许（不冲刷）平均流速

序号	土及其特征		土的颗粒尺寸(mm)	水流平均深度（m）					
	名　称	形　状		0.4	1.0	2.0	3.0	5.0	10及以上
				平均流速（m/s）					
1	粉砂及淤泥	粉砂及淤泥带细砂，沃土	0.005～0.05	0.15～0.20	0.20～0.30	0.25～0.40	0.30～0.45	0.40～0.55	0.45～0.65
2	砂，小颗粒	细砂带中等尺寸的砂粒	0.05～0.25	0.20～0.35	0.30～0.45	0.40～0.55	0.45～0.60	0.55～0.70	0.65～0.80
3	砂，中颗粒	细砂带黏土，中等尺寸的砂带大的砂粒	0.25～1.00	0.35～0.50	0.45～0.60	0.55～0.70	0.60～0.75	0.70～0.85	0.80～0.95
4	砂，大颗粒	大砂夹杂砾，中等颗粒砂带黏土	1.00～2.50	0.50～0.65	0.60～0.75	0.70～0.80	0.75～0.90	0.85～1.00	0.95～1.20

续上表

序号	土及其特征		土的颗粒尺寸(mm)	水流平均深度(m)					
	名称	形状		0.4	1.0	2.0	3.0	5.0	10及以上
				平均流速(m/s)					
5	砾，小颗粒	细砾带中等尺寸的砾石	2.50～5.00	0.65～0.80	0.75～0.85	0.80～1.00	0.90～1.10	1.00～1.20	1.20～1.50
6	砾，中颗粒	大砾带砂带小砾	5.00～10.0	0.80～0.90	0.85～1.05	1.00～1.15	1.10～1.30	1.20～1.45	1.50～1.75
7	砾，大颗粒	小卵石带砂带砾	10.0～15.0	0.90～1.10	1.05～1.20	1.15～1.35	1.30～1.50	1.45～1.65	1.75～2.00
8	卵石，小颗粒	中等尺寸卵石带砂带砾	15.0～25.0	1.10～1.25	1.20～1.45	1.35～1.65	1.50～1.85	1.65～2.00	2.00～2.30
9	卵石，中颗粒	大卵石夹杂砾	25.0～40.0	1.25～1.50	1.45～1.85	1.65～2.10	1.85～2.30	2.00～2.45	2.30～2.70
10	卵石，大颗粒	小鹅卵石带卵石带砾	40.0～75.0	1.50～2.00	1.85～2.40	2.10～2.75	2.30～3.10	2.45～3.30	2.70～3.60
11	鹅卵石，小个	中等尺寸鹅卵石带卵石	75.0～100	2.00～2.45	2.40～2.80	2.75～3.20	3.10～3.50	3.30～3.80	3.60～4.20
12	鹅卵石，中等	中等尺寸鹅卵石夹杂大个的鹅卵石，大鹅卵石带小的夹杂物	100～150	2.45～3.00	2.80～3.35	3.20～3.75	3.50～4.10	3.80～4.40	4.20～4.50
13	鹅卵石，大个	大鹅卵石带小漂圆石带卵石	150～200	3.00～3.50	3.35～3.80	3.75～4.30	4.10～4.65	4.40～5.00	4.50～5.40
14	漂圆石，小个	中等漂圆石带卵石	200～300	3.50～3.85	3.80～4.35	4.30～4.70	4.65～4.90	5.00～5.50	5.40～5.90
15	漂圆石，中等	漂圆石夹杂鹅卵石	300～400	—	4.35～4.75	4.70～4.95	4.90～5.30	5.50～5.60	5.90～6.00
16	漂圆石，特大		400～500及以上的	—	—	4.95～5.35	5.30～5.50	5.60～6.00	6.00～6.20

附表 4-4 石质土的允许（不冲刷）平均流速

序号	土的名称	水流平均深度（m）			
		0.4	1.0	2.0	3.0
		平均流速（m/s）			
1	砾岩、泥灰岩、页岩	2.0	2.5	3.0	3.5
2	多孔的石灰岩、紧密的砾岩、成层的石灰岩、石灰质砂岩、白云石质石灰岩	3.0	3.5	4.0	4.5
3	白云石质砂岩、紧密不分层的石灰岩、砂质石灰石、大理石	4.0	5.0	6.0	6.5
4	花岗岩、辉绿岩、玄武岩、安山岩、石英岩、斑岩	15.0	13.0	20.0	22.0

注：1. 附表 4-2、附表 4-3、附表 4-4 列流速数值不可内插，当水流深度在表列水深值之间时，则流速应采取与实际水流深度最接近时的数值。

2. 当水流深度大于 3.0m（在缺少特别观测与计算的情况下）时，允许流速采用水深为 3.0m 的数值。

3. 附表 4-2 中，当设计位于易受风化的密结的及极密结的土中时，允许流速采用中等密结土的数值。

公路工程现行标准、规范、规程、指南一览表

（2015 年 3 月版）

序号	类别		编　　号	书名（书号）	定价（元）
1	基础		JTG A02—2013	公路工程行业标准制修订管理导则（10544）	15.00
2			JTG A04—2013	公路工程标准编写导则（10538）	20.00
3			JTJ 002—87	公路工程名词术语（0346）	22.00
4			JTJ 003—86	公路自然区划标准（0348）	16.00
5			JTG B01—2014	公路工程技术标准（活页夹版，11814）	98.00
6			JTG B01—2014	公路工程技术标准（平装版，11829）	68.00
7			JTG B02—2013	公路工程抗震规范（11120）	45.00
8			JTG/T B02-01—2008	公路桥梁抗震设计细则（1228）	35.00
9			JTG B03—2006	公路建设项目环境影响评价规范（0927）	26.00
10			JTG B04—2010	公路环境保护设计规范（08473）	28.00
11			JTG/T B05—2004	公路项目安全性评价指南（0784）	18.00
12			JTG B05-01—2013	公路护栏安全性能评价标准（10992）	30.00
13			JTG B06—2007	公路工程基本建设项目概算预算编制办法（06903）	26.00
14			JTG/T B06-01—2007	★公路工程概算定额（06901）	110.00
15			JTG/T B06-02—2007	★公路工程预算定额（06902）	138.00
16			JTG/T B06-03—2007	★公路工程机械台班费用定额（06900）	24.00
17			交通部定额站 2009 版	公路工程施工定额（07864）	78.00
18			JTG/T B07-01—2006	公路工程混凝土结构防腐蚀技术规范（0973）	16.00
19			交通部 2007 年第 30 号	国家高速公路网相关标志更换工作实施技术指南（1124）	58.00
20			交通部 2007 年第 35 号	收费公路联网收费技术要求（1126）	62.00
21			JTG B10-01—2014	公路电子不停车收费联网运营和服务规范（11566）	30.00
22			交通运输部 2011 年	公路工程项目建设用地指标（09402）	36.00
23	勘测		JTG C10—2007	★公路勘测规范（06570）	28.00
24			JTG/T C10—2007	★公路勘测细则（06572）	42.00
25			JTG C20—2011	公路工程地质勘察规范（09507）	65.00
26			JTG/T C21-01—2005	公路工程地质遥感勘察规范（0839）	17.00
27			JTG/T C21-02—2014	公路工程卫星图像测绘技术规程（11540）	25.00
28			JTG/T C22—2009	公路工程物探规程（1311）	28.00
29			JTG C30—2015	公路工程水文勘测设计规范（12063）	70.00
30	设计	公路	JTG D20—2006	★公路路线设计规范（0996）	38.00
31			JTG/T D21—2014	公路立体交叉设计细则（11761）	60.00
32			JTG D30—2004	公路路基设计规范（05326）	48.00
33			JTG/T D31—2008	沙漠地区公路设计与施工指南（1206）	32.00
34			JTG/T D31-02—2013	公路软土地基路堤设计与施工技术细则（10449）	40.00
35			JTG/T D31-03—2011	★采空区公路设计与施工技术细则（09181）	40.00
36			JTG/T D31-04—2012	多年冻土地区公路设计与施工技术细则（10260）	40.00
37			JTG/T D32—2012	公路土工合成材料应用技术规范（09908）	42.00
38			JTG D40—2011	★公路水泥混凝土路面设计规范（09463）	40.00
39			JTG D50—2006	★公路沥青路面设计规范（06248）	36.00
40			JTG/T D33—2012	公路排水设计规范（10337）	40.00
41		桥隧	JTG D60—2004	公路桥涵设计通用规范（05068）	24.00
42			JTG/T D60-01—2004	公路桥梁抗风设计规范（0814）	28.00
43			JTG D61—2005	公路圬工桥涵设计规范（0887）	19.00
44			JTG D62—2004	公路钢筋混凝土及预应力混凝土桥涵设计规范（05052）	48.00
45			JTG D63—2007	公路桥涵地基与基础设计规范（06892）	48.00
46			JTJ 025—86	公路桥涵钢结构及木结构设计规范（0176）	20.00
47			JTG/T D65-01—2007	公路斜拉桥设计细则（1125）	28.00
48			JTG/T D65-04—2007	公路涵洞设计细则（06628）	26.00
49			JTG D70—2004	公路隧道设计规范（05180）	50.00
50			JTG/T D70—2010	★公路隧道设计细则（08478）	66.00
51			JTG D70/2—2014	公路隧道设计规范　第二册　交通工程与附属设施（11543）	50.00
52			JTG/T D70/2-01—2014	公路隧道照明设计细则（11541）	35.00
53			JTG/T D70/2-02—2014	公路隧道通风设计细则（11546）	70.00
54		交通工程	JTG D80—2006	高速公路交通工程及沿线设施设计通用规范（0998）	25.00
55			JTG D81—2006	★公路交通安全设施设计规范（0977）	25.00
56			JTG/T D81—2006	★公路交通安全设施设计细则（0997）	35.00
57			JTG D82—2009	公路交通标志和标线设置规范（07947）	116.00
58		综合	交公路发〔2007〕358 号	公路工程基本建设项目设计文件编制办法（06746）	26.00
59			交公路发〔2007〕358 号	公路工程基本建设项目设计文件图表示例（06770）	600.00

续上表

序号	类别		编　　号	书名(书号)	定价(元)
60	检测		JTG E20—2011	公路工程沥青及沥青混合料试验规程(09468)	106.00
61			JTG E30—2005	公路工程水泥及水泥混凝土试验规程(0830)	32.00
62			JTG E40—2007	★公路土工试验规程(06794)	79.00
63			JTG E41—2005	公路工程岩石试验规程(0828)	18.00
64			JTG E42—2005	公路工程集料试验规程(0829)	30.00
65			JTG E50—2006	★公路工程土工合成材料试验规程(0982)	28.00
66			JTG E51—2009	公路工程无机结合料稳定材料试验规程(08046)	48.00
67			JTG E60—2008	公路路基路面现场测试规程(07296)	38.00
68			JTG/T E61—2014	公路路面技术状况自动化检测规程(11830)	25.00
69	施工	公路	JTG F10—2006	公路路基施工技术规范(06221)	40.00
70			JTJ 034—2000	公路路面基层施工技术规范(0431)	20.00
71			JTG/T F30—2014	公路水泥混凝土路面施工技术细则(11244)	60.00
72			JTG/T F31—2014	公路水泥混凝土路面再生利用技术细则(11360)	30.00
73			JTG F40—2004	公路沥青路面施工技术规范(05328)	38.00
74			JTG F41—2008	公路沥青路面再生技术规范(07105)	25.00
75		桥隧	JTG/T F50—2011	★公路桥涵施工技术规范(09224)	110.00
76			JTG/T F81-01—2004	公路工程基桩动测技术规程(0783)	20.00
77			JTG F60—2009	公路隧道施工技术规范(07992)	42.00
78			JTG/T F60—2009	公路隧道施工技术细则(07991)	58.00
79		交通	JTG F71—2006	★公路交通安全设施施工技术规范(0976)	20.00
80			JTG/T F72—2011	公路隧道交通工程与附属设施施工技术规范(09509)	35.00
81	质检安全		JTG F80/1—2004	公路工程质量检验评定标准　第一册　土建工程(05327)	46.00
82			JTG F80/2—2004	公路工程质量检验评定标准　第二册　机电工程(05325)	26.00
83			JTG G10—2006	公路工程施工监理规范(06267)	20.00
84			JTJ 076—95	公路工程施工安全技术规程(0049)	12.00
85	养护管理		JTG H10—2009	公路养护技术规范(08071)	49.00
86			JTJ 073.1—2001	公路水泥混凝土路面养护技术规范(0520)	12.00
87			JTJ 073.2—2001	公路沥青路面养护技术规范(0551)	13.00
88			JTG H11—2004	公路桥涵养护规范(05025)	30.00
89			JTG H12—2015	公路隧道养护技术规范(12062)	60.00
90			JTG H20—2007	公路技术状况评定标准(1140)	15.00
91			JTG/T H21—2011	★公路桥梁技术状况评定标准(09324)	46.00
92			JTG H30—2004	公路养护安全作业规程(05154)	36.00
93			JTG H40—2002	公路养护工程预算编制导则(0641)	9.00
94	加固设计与施工		JTG/T J21—2011	公路桥梁承载能力检测评定规程(09480)	20.00
95			JTG/T J22—2008	公路桥梁加固设计规范(07380)	52.00
96			JTG/T J23—2008	公路桥梁加固施工技术规范(07378)	30.00
97	改扩建		JTG/T L11—2014	高速公路改扩建设计细则(11998)	45.00
98			JTG/T L80—2014	高速公路改扩建交通工程及沿线设施设计细则(11999)	30.00
99	造价		JTG M20—2011	公路工程基本建设项目投资估算编制办法(09557)	30.00
100			JTG/T M21—2011	公路工程估算指标(09531)	110.00
1	技术指南		交公便字〔2006〕02 号	公路工程水泥混凝土外加剂与掺合料应用技术指南(0925)	50.00
2			交公便字〔2006〕02 号	公路工程抗冻设计与施工技术指南(0926)	26.00
3			厅公路字〔2006〕418 号	公路安全保障工程实施技术指南(1034)	40.00
4			交公便字〔2009〕145 号	公路交通标志和标线设置手册(07990)	165.00

注:JTG——公路工程行业标准体系;JTG/T——公路工程行业推荐性标准体系;JTJ——仍在执行的公路工程原行业标准体系。

批发业务电话:010-59757973;零售业务电话:010-85285659(北京);网上书店电话:010-59757908;业务咨询电话:010-85285922。带"★"的表示有勘误,详见中国交通运输标准服务平台 www.yuetong.cn/bzfw。